大阪空襲訴訟を知っていますか

置き去りにされた民間の戦争被害者

矢野　宏

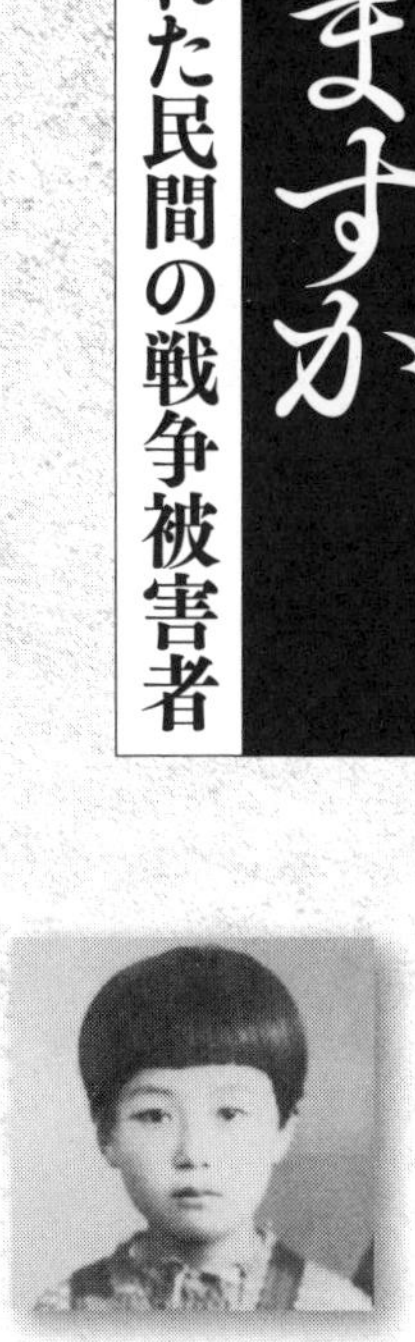

せせらぎ出版

表紙写真：原告・吉田栄子さん（前列中央）の家族写真。大阪大空襲で９人の家族を失った。消失を免れ残った大切な一枚。

◎もくじ

はじめに　5

第1章　なぜ、いま提訴するのか　8

街頭での署名活動　8
届かない署名　11
「戦時災害援護法」制定を求めて　13
戦時中は民間人にも補償が　15
開く軍民格差　16
国会提出のたび廃案に　18
日本の戦争補償制度　20

第2章　なぜ、空襲は起きたのか　22

50回を超える大阪への空襲　22
原告のうち12人が3月の大空襲で　23
無差別じゅうたん爆撃　26
日本もやっていた無差別爆撃　29

被害を大きくした政府の無策ぶり　31

第3章　裁判で何を訴えるのか　36

先行する東京大空襲訴訟　36
最高裁が追認した「受忍論」　38
大阪空襲訴訟が訴えるもの　39

第4章　原告たちの訴え　45

12月8日提訴を迎えて　45
あの日の記憶はないが……　47
「人生を狭められた」　48
空襲傷害者の存在を知って　49
孤児になって……　50
母の無念を晴らしたい　52

おわりに　55

〔巻末資料〕大阪空襲訴訟・訴状の概要について　57

はじめに

２００８年12月8日、大阪大空襲の被災者と遺族ら18人が、国に謝罪と１人あたり１１００万円の損害賠償を求める集団訴訟を大阪地裁に起こしました。その日は、日本が無謀な太平洋戦争に突入して68年目の開戦記念日でした。

空襲をめぐっては、東京大空襲の被災者らが２００７年3月、国に損害賠償と謝罪を求めて提訴しており、集団訴訟はこれで二例目になります。

国は、旧軍人・軍属、その遺族に恩給や年金を支給していますが、一方で、民間の空襲被災者には何の補償もしてきませんでした。戦争という国の存亡にかかわる非常事態のもとでは、国民は等しく耐えねばならないという「戦争損害受忍論」をとっているからです。

それに対し、原告たちは「空襲被災者を排除する戦争損害受忍論は、法の下の平等をうたった憲法に違反している」「戦争終結を遅らせたことで甚大な空襲被害を招き、その後も被災者を救済せず放置した『不作為の責任』がある」などと主張しています。

18人の原告は大阪や兵庫、奈良、長野の4府県に在住しており、年齢は63歳から80歳。当時生まれたばかりの赤ちゃんだった人も、学徒動員されていた人もいます。

空襲で両親やきょうだいを失って孤児になった人や、爆弾の破片で足をもぎ取られた人、焼夷弾によって顔や手足に大やけどを負い、就職すらできなかった人、家財産をすべて失った人など、さまざまです。

この集団訴訟に向けて、仲間となる原告を募り、力を貸してくれる弁護士を探し、裁判を支えてくれる応援者を求めるなど、原動力となったのは、大阪にある「戦災傷害者の会」でした。提訴2週間前の11月24日、大阪市内で開かれた原告団結成式で、代表世話人の一人、安野輝子さん（69）があいさつに立ちました。

「私たち民間の空襲被災者は35年前から手をつなぎ、民間人に補償する『戦時災害援護法』の制定を求めて運動してきました。法案は国会で次々と継続審議・廃案となり、最近は法案も出されていない状態です。国が空襲被災者に援護しない根拠としているのは、『戦争損害受忍論』という、戦時中は国民がみな苦しかったから我慢しなさいという理由です。

でも、私たちのように実際に空襲で傷害を負ったり、肉親を奪われたりした者にとっては、我慢しなさいという国の姿勢そのものが乱暴なものであり、尊厳を傷つけるものです。

せめて、国から一言でも謝罪がほしい、空襲被災者や遺族の人生にかかわってほしいと署名集めをしました。国に提出しようとしましたが、担当部署がないといって受け付けてくれませんでした。

もう署名集めとか、陳情とか、それまで通りの活動では声は届かない。かと

いって、黙っていては何事もなかったかのように終わってしまう。そんな思いから次の選択肢として集団訴訟を考えるようになった矢先、東京でも『東京大空襲訴訟』の提訴があり、それと連携する形で集団訴訟の準備を進めることになりました」

安野さんは訴訟にいたる経過を説明すると、「裁判を通じて、国に戦争損害受忍論を撤回させ、すべての民間の戦災被害者に補償をする国に変えさせるきっかけを作っていきたい。それが子や孫に戦争をしない平和な国を残すことにもつながると思います」としめくくりました。

本書では、戦後60年以上が過ぎて、あえて困難な道を選んだ原告一人ひとりの思いを記すとともに、提訴の意義と、戦時災害援護を求める戦後の動きと国の理不尽な態度などを明らかにしていきたいと思います。

第1章 なぜ、いま提訴するのか

街頭での署名活動

「14歳のときに大空襲に遭い、以来60年あまり、こんな身体で頑張ってきました。爆弾にやられたら、こないなりますよ。皆さん、見てください」

突き出された左手は、指が内側に曲がったまま動かない。手の甲は移植した皮膚が紫に変色している。

「戦災傷害者の会」代表世話人の小見山重吉さん。1931（昭和6）年生まれで、14歳のときに大阪を襲った大空襲で両手や顔に大やけどを負った。いまだにケロイドの跡が顔にくっきりと見てとれる。

2007年5月27日、JR大阪駅前のスクランブル交差点。

自由が利かない右手でマイクを持ち、声を張り上げる小見山さんのかたわらで、安野輝子さん、藤原まり子さん、小林英子さんも画板を首から下げ、空襲で傷害を負った足を引きずりながら署名を呼び掛けている。

「戦災傷害者の会」による街頭署名活動。民間の戦災被害者の補償を盛り込んだ法律「戦時災害援護法」

マイクを握り、署名を呼びかける小見山重吉さん

制定を求める署名を国に提出するため、週末の午後、繁華街に繰り出したのだ。

　夏を思わせる日差しが照りつけ、マイクを握る小見山さんの額にも汗がにじむ。


　小見山さんは戦後、金型職人として懸命に働いてきた。

　空襲体験は心の中に封印してきたが、1995年、戦後半世紀の夏、地元・大阪市西成区主催の「人権を考える区民のつどい」で、初めて人前で証言した。

　背中を押してくれたのは幼い孫だった。

「おじいちゃん、じゃんけんしよう」と言われたのに「できへんのや」と答えるしかなかった。すると、孫は「何でできないの」。空襲の中を逃げまどった50年前に一気に引き戻された。

　絶対、この子を自分と同じような目に遭わせたらあかん――という強い思いに突き動かされた。

　1945年3月13日の深夜。大阪市西成区内の自宅で寝ていた小見山さんは、「空襲や」という母の声で目を覚まし、両親と兄、姉と自宅庭の防空壕へ避難した。

　落下する焼夷弾《しょういだん》の音、地上で炸裂する爆発音がどんどん近づいてくる。ほどなく、2発の焼夷弾が自宅に落ち、うち1発が防空壕《ぼうくうごう》を直撃した。

　壕の中はたちまち火の海となり、小見山さんも全身火だるまになった。冬支度で厚着をしていた部分は助かったが、顔と両手などに重いやけどを負った。父に連れられ、いくつもの病院を訪ねたが、どこもけが人があふれ、治療すらしてもらえない。

　父が経営していた鉄工所も自宅とともに焼け落ち、一家は岡山県の親戚宅に身を寄せた。

　戦争が終わっても家族の苦難は続く。

　大阪へ戻ってまもなく、小見山さんは父から釣りに誘われ、大阪湾につながる川で小舟に乗り込んだ。突然、後ろから父親に抱きかかえられ、一緒に海の中へ落ちた。小見山さんは必死にもがいて浮かび上がったが、父は浮かんでこなかった。

　小見山さんは「息子の将来を悲観した無理心中だった」と思っている。

助産婦をしていた母親も、空襲で両手に大やけどを負って働けない。

小見山さんは学校をやめて働くしかなかった。５、６社の面接を受けたが、赤く引きつったケロイドの顔、指が曲がったままくっついている両手ではどこにも雇ってはもらえない。

ようやく採用されたのは道路工夫。不自由な手でもたもたしていると、「おい、猿」とか、「このやけどが……」と容赦ない罵声が飛んだ。

敗戦から４年後、小見山さんは自分が貯めたお金で手術を受けた。ようやく右手が動かせるぐらい回復し、左手も親指と薬指、小指以外は動かせるようになった。

どこも雇ってくれないのなら自分で会社を起こすしかないと、小見山さんは、戦災で焼けた父の鉄工所跡にトタン板で工場を復旧した。使えそうな機械を修理し、金型職人として生きていく決意をする。

３月13〜14日の大空襲。猛火の中を逃げまどう人々。西区京町堀。
（豊中市、倉内威・画、ピースおおさか提供）

ダムや船舶用などのパッキングのゴムを作るための金型は、わずか０・１ミリのミスも許されない。

「人が１日でできるところを３日も４日もかかった。信用を得るために寝る間も惜しんで働き続けなあかんかった」という小見山さんが、自分の被災体験に向き合うまでには、半世紀の歳月が必要だった。

「国は何もしてくれません。国が戦争をしたから、こんな目に遭いました。それなのに国は知らん顔。けがを負わされても治療代も自分で出さなあかん。謝罪もない。そんな理不尽なこと、ありますかいな」

小見山さんの必死の訴えもむなしく、道行く人のほとんどが足早に通り過ぎていく。しかし、なかには自分から署名に応じる人もいた。髪を金色に染めたカップルが足を止めたり、若い女性が「憲法9条を変えさせないために、私たちはどうすればいいのですか」と問いかけたりしてきた。

街頭に立ち続けて4時間あまり、これまでに集めた分もあわせ、署名は2658筆を数えた。

届かない署名

2ヵ月後の7月25日、小見山さんら4人はそろって上京し、東京・永田町にある内閣府に「戦時災害援護法」の制定を求める署名を提出した。

しかし、応対した大臣官房総務課の調査役は「戦後処理の問題はすでに解決済となっているから所管する官庁もないのです」と繰り返すのみ。しかも、署名の宛名が厚生労働大臣になっているから受け取れないと譲らなかった。

なぜ、小見山さんたちが内閣府に行ったかといえば、前年、「戦時災害援護法」の制定を求める請願書を内閣府に提出していたからだった。事前に各官庁に問い合わせたものの「戦後処理を行うための窓口はない」と断られ続けていたところを、大阪出身の小林えみ子参議院議員（共産党）の秘書が奔走してくれ、取り次いでくれた。

しかし、結局、この日、署名は受け取ってもらえなかった。小見山さんらは、調査役にうながされるまま厚生労働省へ向かった。

真夏の日差しが容赦なく照りつけるなか、4人は霞ヶ関まで歩いた。20分足らずの距離だが、足の不自由な安野さんら3人にとって過酷な道のりだった。

中央合同庁舎第5号館の10階にある厚生労働省の大

臣官房総務課を訪ねると、20人ほどの職員が小見山さんらを一瞥《いちべつ》し、また、手元の書類に視線を落とした。入り口近くの30歳代の係長が立ち上がり、怪訝《けげん》そうな表情で応対した。

安野さんが署名を手渡そうとすると、「これは厚生労働省が扱う性質のものではありません」と言い、逆に「なぜ、厚生労働大臣宛なのですか」と尋ねた。

「旧軍人・軍属の年金など、戦後処理を扱っているのが厚生労働省でしょう。同じ戦争犠牲者として署名を持ってきたのです。この署名を受け取っていただけませんか」

という安野さんに、係長は「それはできません」とにべもない。

「なぜですか」

「戦後処理は終わっていますので」

小見山さんが「いや、終わってない」と割り込んだ。

そして動かない左手を突き出し、「戦争でこないなったんですよ。それやのに、補償も謝罪もしてもろてまへん」と声を荒げた。

「そうですよ。私たちも足を奪われました」

藤原さんと小林さんも続く。

応対していた係長は、いったん席に戻って電話を入れ始めた。

「署名の宛名が厚生労働大臣だからといって、その中身も確認しないのですか」

電話の相手は内閣府だろうか。

「そちらで、しかるべき措置をお願いします」

そう言って電話を切ると、係長は、安野さんらにこう説明した。

「署名では厚生労働大臣宛になっていますが、請願する内容が厚生労働行政とは違っています。うちには戦時災害援護法などの法律制定を責任を持って行う部署がないのです」

4人もこのまま引き下がれない。

「どうしても、受け取ってほしいのです。市民の気持ちを踏みにじらないで下さい」

「無理なら、大臣に会わせてください」

埒《らち》が明かないと思ったのか、係長が言った。

「では、いったん預かり、内容を確認して内閣府へ送ります。取次ぎであれば対応させていただきます」

「責任ある対応をしていただけるのですか」

安野が迫ると、係長は言葉を濁した。

「どうなるか、お約束はできませんが……」

後日、安野さん宅に厚生労働省から2通のＦＡＸが送られてきた。

1通目の日付は7月25日。厚生労働省大臣官房総務課から内閣府大臣官房総務課へ送られており、〈本日、当方で請願書（署名）を受け取りましたが、内容が貴省のものと思われますので、回送いたします。よろしくお願いします〉と印字されていた。

安野輝子さん

もう1通の日付は8月2日で、今度は内閣府大臣官房総務課から厚生労働省大臣官房総務課宛になっている。

〈貴省から回付されました別添の請願書（署名）ですが、当府の所管ではありませんので、貴省に再回付いたします〉

内閣府と厚生労働省とは歩いて行けるほどの距離にもかかわらず、お互いが宅配便を使って署名の押し付け合いをやっていたのだ。

「戦時災害援護法」制定を求めて

民間の戦災被害者への補償を盛り込んだ「戦時災害援護法」の制定を求める運動は1972年、名古屋に住む一人の空襲傷害者によって始められた。杉山千佐子さん、1915（大正4）年生まれ。90歳を超えた今も、「戦災傷害者の会」の全国組織「全国戦災傷害者連絡会」（全傷連）の会長として運動の先頭に立っている。

安野さんと藤原さんも、戦時災害保護法の制定のため、杉山さん、さらには「大阪戦災傷害者・遺族の会」会長、伊賀孝子さんらとともに奔走してきた。

杉山さんは、左目に大きな眼帯をしている。1945年3月24日深夜から25日未明にかけて、名古屋市を襲った大空襲で鼻の上部と左目を抉《えぐ》られたのだ。

同時に脳神経を痛め、麻痺した左手は今も激痛が襲う。

それでも、杉山さんは「死んでいった仲間の無念、私自身の人生が奪われた無念を思うと、ここでやめるわけにはいかんのだわ」と言う。

杉山さんもまた、苦難の戦後を生きてきた。

左目を失い、右目の視力も0・1以下に低下したため、それまで働いていた名古屋大学医学部・解剖学教室の助手には復帰できなかった。編み物の技術を取得し、弟の社宅の一室を借りて教室を開いたが、その弟から結婚するので出て行くよう言われた。仕事を求めて相談に行った「障害者厚生相談所」の担当者からは「五体満足の者でも職のない時に、『不具者』に仕事があるか」と突き放された。

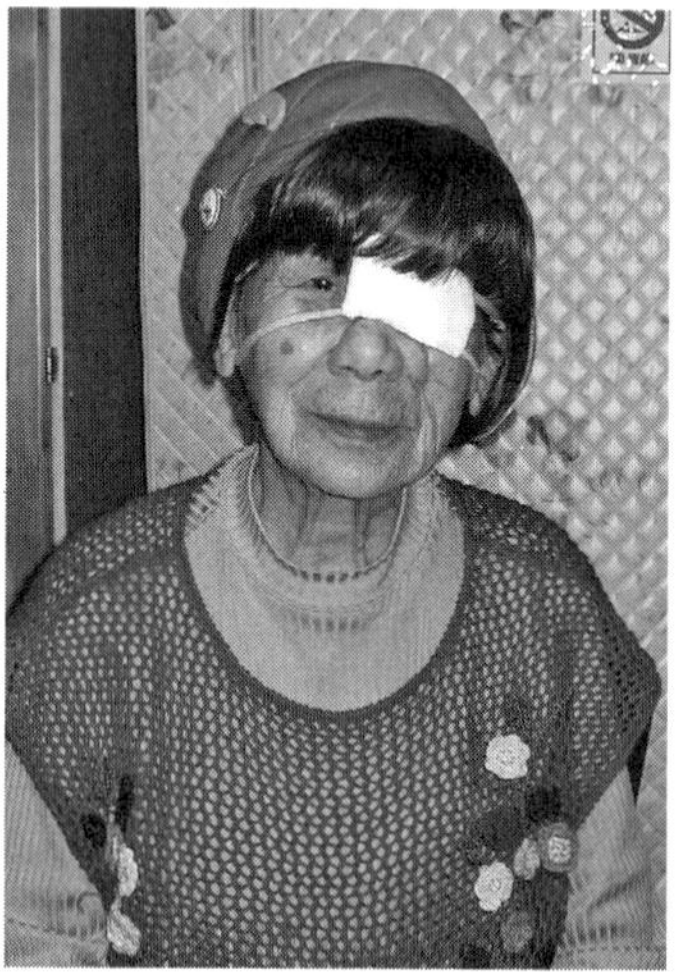

杉山千佐子さん

化粧品をセールスして回ったときには、蔑《さげす》んだ眼差しで断られたり、「言うこときかないと、おばちゃんみたいな顔になるよ」と言われたりもした。

ようやく南山大学の教授寮の寮母という安定した仕事に就くのは50歳のとき、敗戦から20年余りが過ぎていた。

杉山さんが「全国戦災傷害者連絡会」をたった一人で立ち上げたのは、南山大学の教授の一言がきっかけだった。

「戦時中には、『戦時災害保護法』という法律があり、民間人も援護の対象になっていたらしいよ」

戦時中は民間人にも補償が

「戦時災害保護法」――戦時中に定められた、民間の戦災被害者を救済する法律である。戦後、杉山ら空襲傷害者たちが成立を目指してきた「戦時災害援護法」と1字違いのこの法律が公布されたのは、太平洋戦争開戦まもない1942年2月のことだった。

当時の日本政府は、国民総動員体制をつくり、厳しい罰則を背景に国民を戦争に総動員していった。

それに呼応するため、戦時災害保護法が制定された。保護の対象は、戦時災害で危害を受けた「帝国臣民タル」本人と家族、遺族としている。

保護には3つのケースが定められていた。

一、戦災者に対する応急的一時的な措置としての「救助」
　①収容施設給与、②焚出ほか食品給与、③被服・寝具ほか生活必需品給与・貸与、④医療・助産、⑤学用品給与、⑥埋葬など

二、戦災による傷害・死亡などが原因で、本人とその家族が生活困難に陥った場合に支給される「扶助」
　①生活扶助、②療養扶助、③出産扶助、④生業扶助など

三、戦災による死亡者やその遺族、また傷害を受けた者や、住宅・家財に被害を受けた者に支給される「給与金」
　①障害給与金、②遺族給与金、③住宅給与金、④家財給与金など

戦時災害保護法による給与金は、死亡者の遺族給与金が一人500円、障害給与金は最高で700円、「身体ニ著シキ障害ヲ存スルモノ又ハ女子ニシテ其ノ外貌ニ醜痕ヲ残シタルモノ」に350円を支給すると規定されていた。ちなみに、この当時、米10キロの値段は3円25銭だった。

「東京大空襲訴訟弁護団」の調査によると、年度別の実施状況は次のようなものだ。

・43年度　19万9274円（3248件）
・44年度　1533万2125円（126万3601件）
・45年度　7億8559万8755円（1597万7704件）

一方、軍人・軍属、その遺族に対していち早く適用された「軍事扶助法」の実施状況をみると、

・43年度　1億83万7433円（197万7185人）
・44年度　1億5557万8507円（248万7756人）
・45年度　2億2770万9611円（297万9562人）

となっている。

戦時災害保護法の支給額は43年度で軍事扶助法の約500分の1、44年度で10分の1になり、空襲被害が甚大だった45年度には逆転し、3倍以上に達していた。

当時、不十分でも「戦時災害保護法」があったことで救済された民間人がいたのだ。

開く軍民格差

戦後、「戦時災害保護法」は、「軍事扶助法」や「軍人恩給法」と同様、廃止される。

日本を占領していた「連合国軍最高司令官総司令部」（GHQ）が、生活困窮者を軍民の差なく保護するという趣旨から1946年9月に「生活保護法」が制定されたためだ。

しかし、生活保護法だけでは不十分だとして、47年に「児童福祉法」、49年には「身体障害者福祉法」が制定された。

その一方で、日本が主権を回復した1952年4月に「戦傷病者戦没者遺族等援護法」が公布され、翌53年8月には軍人恩給が復活した。

その後も「未帰還者」、「引揚者」なども援護の対象となっていった。

また、民間人でも原爆被爆者、さらには唯一地上戦が行われた沖縄の一般住民も〝準軍属〟とみなされ、弾薬・食料・患者などの輸送、炊事・救済の雑役など

おもな戦争犠牲者の援護状況

援護の対象		援護措置の有無
援護立法	軍人（遺族を含む）	○
	軍属（遺族を含む）	○
	未帰還者・留守家族	○
	引き揚げ者	○
	原爆被爆者（在外被爆者を含む）	○
援護法改正	船舶運営会　船員	○
	国家総動員法関連（被徴用者、動員学徒など）	○
	戦闘参加者（沖縄など）	○
	国民義勇隊員	○
	特別未帰還者	○
	満州関連（満州開拓青年義勇隊員など）	○
	満鉄軍属	○
	防空関連（防空監視隊員、警防団員など）	○
その他	従軍看護婦（日赤、旧陸海空軍）	○
	戦後強制抑留者	○
	恩給欠格者	○
	緑十字船阿波丸犠牲者	○
	学童疎開船対馬丸犠牲者	○
	八重山戦争マラリア犠牲者	○
	民間空襲被災者・遺族	**×**

注　援護立法は諸立法、援護法は戦傷病者戦没者等援護法を示しています。旧植民地出身者ら外国人に対する援護状況は省略していますが、援護制度の大半が外国人を排除するなど、さまざまな問題が指摘されています。
（池谷好治氏の資料を参考に作成）

の要件を満たせば、援護法の適用を認められている。そのなかで、民間の空襲被災者だけが蚊帳の外に置かれてきた。

国は、「空襲で傷害を負った者には、身体障害者福祉法などの枠内で対応している」という立場をとっている。しかし、実際は目を片方なくした場合でも、残った目に視力があると、身障者手帳も交付されない。手足を失っても特別な年金があるわけでもない。やけどで顔中にケロイドがあっても対象外だ。

「私たちは国との雇用関係がない、内地は戦地ではないからと差別され、軍人ではないから、軍属ではないからとの理由で、あらゆる福祉から置き去りにされています。特に戦災で傷害を負った者はその傷ゆえに仕事にも恵まれません。

戦争中、私たち一般の民衆は、お国のために銃後の守りにと、安全な所へ疎開することも許されず、無理やり戦争に参加させられ、必死に戦ってきました。戦争末期には内地、外地の区別なく全国土が戦場だったのです。にもかかわらず、傷つけば消耗品扱いとはあまりにもひどすぎます」と杉山さんは怒りをこめる。

国会提出のたびに廃案に

杉山さんは1972年に「全国戦災傷害者連絡会」を結成。民間の戦災被害者への補償を求めて、一人で運動を始めた。その年、12月の愛知県議会で、水野三四三議員（社会党）が、「軍民格差」を取り上げ、民間の戦災被害者が補償の対象外に置かれている現状を語り、国の責任と県の姿勢を問いかけた。

翌73年2月には、愛知県選出の参議院議員、須原昭二氏（社会党）が参議院社会労働委員会で、民間の戦災傷害者の補償を拒む国の対応を批判した。

しかし、これに対し、当時の斉藤邦吉厚相は「戦災傷害者は国家的身分のないもの。国との雇用関係がないから補償しない」と国家補償を否定した。

その年の6月には、須原議員が民間の戦災被害者にも国家補償を行うことを趣旨とする「戦時災害援護法」案を議員立法で初めて提出した。だが、このとき

空襲で焼け野原となった大阪（朝日新聞社提供）

は審議未了、廃案となった。

須原議員が亡くなったあと、同じく社会党の参議院議員、片山甚一氏が引き継ぎ、再び戦時災害援護法案を国会へ提案した。

社会党単独で提出していた戦時災害援護法案が、公明党、共産党を加えた3党共同案として国会に上程されたのは１９７７年のこと。だが、法案は審議未了で廃案となってしまう。

その後、法案は全野党共同に変わり、毎年のように提出されたが、１９８６年に当時の中曽根内閣が自民党安定多数を勝ち取り、財政難も加わって参議院すら通過しなくなった。

戦時災害援護法案は、１９７３年から89年までの17年間にわたって計14回、国会へ提出されたが、それ以降は国会で審議すら行われていない。

杉山さんは「子や孫が戦争に脅かされず平和に過ごせるためには、戦時災害援護法がないと、『国民はいつも踏み砕いていい』という政府の考えを通すことになってしまうのです。金をくれという問題ではありません。戦災で傷ついた人間が存在したという証、その痛みをわかってほしい。国の責任を明確にして償ってほしいのです」と話す。

日本の戦争補償制度

では、外国ではどうなのか。

欧米諸国では、英国やフランスなどの戦勝国、旧西ドイツなどの敗戦国を問わず、軍人・軍属と民間人とを区別することなく補償を行っており（国民平等主義）、さらに自国民と外国人を区別することなく、戦争被害者に対する補償を行っている（内外人平等主義）。

旧西ドイツの場合、戦後一番初めにできた法律が「戦争犠牲者援護法」だった。

戦災傷害者は、基本給と賠償金が支給されるほかに、障害の度合いによる手当て、医療費、住居費、生活費、介助費がつく。

空襲で受けた傷すべてに対して補償され、とくに顔面の負傷は、生活の権利を奪っているものとして、重度障害と認められ、多額の支給がなされるという。

それに対して、日本の戦争補償制度は国際的にも特異である、と「東京大空襲訴訟弁護団」は指摘している。

〈原則として軍人・軍属を対象としており、民間人の被害については、外地居住や強制抑留者への慰労金、被爆者への医療・給付などの例外を除いて一切行われていない。

しかも、そのほとんどが国籍条項を持っており、外国人は補償の対象外とされている。

わずかに原爆2法のみが国籍条項がないが、日本に在住することが条件となっている。

つまり、天皇制国家に忠誠を尽くした軍人・軍属が、戦争という公務によってけがをしたり、死亡したりした場合だけ、「戦傷病者戦没者遺族等援護法」の対象として国家補償するというのが、戦争補償制度についての政府の見解なのだ〉（訴状より）

さらに、「大阪空襲訴訟弁護団」も訴状の中でこう記している。

〈この戦傷病者戦没者遺族等援護法の制定によって、

６月１日の大空襲。芝生に並べられた悲惨な犠牲者の遺体を一人ずつムシロにまく。淋しく時が流れた一日だった。此花区春日出にて。（淀川区、和田住里・画、ピースおおさか提供）

靖国神社の戦後の合祀《ごうし》基準ができたのである。厚生省援護局が戦傷病者戦没者遺族等援護法に基づいて公務死と認定して国家補償を与える戦没者を、靖国神社は合祀しているのである〉

日本の補償制度は、戦争犠牲者への「謝罪としての補償」ではなく、天皇制国家のため死んだことへの「感謝を込めての補償」なのである。

第2章

なぜ、空襲は起きたのか

50回を超える大阪への空襲

大阪への空襲は、１９４４年12月19日の中河内郡三宅村（現・松原市）、瓜破村（現・大阪市平野区）への爆弾投下に始まり、終戦前日の大阪陸軍造兵廠（大阪砲兵工廠）への大爆撃まで計50回を超えている。うち、１００機以上のＢ29爆撃機による攻撃を大空襲といい、８回を数えた。

大阪府警備局の「大阪空襲被害状況」（45年10月）によると、空襲による死者の総数は1万２６２０人、重軽傷者3万１０８８人、行方不明者２１７３人と言われている。

罹災者は１２２万４５３３人、家屋の被害は38万４２４０戸を数えるなど、Ｂ29が投下した焼夷弾や爆弾は大阪を焼き尽くし、破壊し尽くした。終戦直後、大阪市内は焼け野原で、現在のＪＲ大阪駅から大阪城まで見通せたという。

大阪大空襲研究の第一人者、関西大学の小山仁示名誉教授は、著書『大阪大空襲』（東方出版）の中で、被害の甚大さについてこう記している。

〈40年10月の国勢調査で大阪市の人口は３２５万人だったのが、45年８月の終戦直後では3分の1の１１1万人に減った。44年12月末の大阪市の人口は２４４万人だから、戦争末期のわずか8ヵ月で１３３万人が減り、半分以下になった〉

最初の大阪大空襲は、45年３月13日深夜から翌14日未明にかけての3時間半で、２７４機ものＢ29によって焼夷弾１７７３㌧、６万５０００発あまりが投下され、大阪市の中心部、当時の浪速区や西区、南区、大

数字にみる大阪空襲

家屋の被害	34万4240戸	うち大阪市　32万2772戸
罹災者	122万4533人	うち大阪市　114万2330人
死者	1万2620人	うち大阪市　1万283人
重軽傷者	3万1088人	うち大阪市　2万7912人
行方不明	2173人	うち大阪市　2120人
空襲回数	約50回	うち100機以上での大空襲8回

小山仁示著『大阪大空襲—大阪が壊滅した日』（東方出版刊）に掲載の大阪警察局の公式データより。実際はこの数字を上回っていると同書では指摘されている。

正区、東区、西成区、天王寺区などが火の海と化す。

4月から5月は、焼夷弾の在庫がつきたことと、沖縄への攻略作戦に重点を置いた影響で、大空襲はなかった。だが、6月に入ると1日、7日、15日、26日と繰り返され、大阪の町は完全に廃墟となる。

7月10日には堺市をはじめ、貝塚市と大阪市住吉区も大きな被害を出し、最後の大空襲は終戦前日の8月14日。この日、正午までに御前会議でポツダム宣言の受諾が決まっていたにもかかわらず、日本政府が回答を引き延ばしていたため、東洋一の軍需工場といわれた大阪陸軍造兵廠が狙われた。近くの国鉄（現・JR）「京橋駅」も1トン爆弾の直撃を受け、多数の乗客らが亡くなった。

原告のうち12人が3月の大空襲で

8回の大空襲のなかで最も大きな被害を出したのは、第1次大阪大空襲だった。これまでと違って夜間、それも低い高度からの無差別じゅうたん爆撃だっ

藤原まり子さん

たため、死者3987人、重軽傷者8500人、行方不明者678人、被災戸数は13万6107戸に及んだ（大阪府警備局調べ）。

「大阪空襲訴訟原告団」18人のうち、小見山さんをはじめ12人がこの日に被害を受けている。

「大阪空襲訴訟原告団」代表世話人の一人、藤原まり子さん（63）は、阿倍野区昭和町の自宅で生まれた直後、空襲に遭った。母親とともに布団ごと運びこまれた防空壕を焼夷弾が直撃し、布団に火がついて産着にも燃え移った。

「赤ちゃんがいる。私の赤ちゃんを助けて」という母の叫びを聞いた男性が防空壕に駆け込んで、助け出してくれた。

浜田栄次郎さん

藤原さんは、一命は取り留めたものの、左足に大やけどを負った。病院へ行っても十分な薬もなく、傷口に赤チンを塗るだけ。しかも、そのたびに焼けこげた足の指がポロポロと落ちたという。足全体がケロイドとなり、足首とひざは曲がらなくなった。

浜田栄次郎さん（79）は当時、中学2年生。大正区南恩加島の自宅で寝ていたが、母親に起こされた。玄関に立つと、母と5つ下の妹は家の前に掘った防空壕に入っていた。

東の空に次々と落とされる焼夷弾が花火のようにきれいだったのを覚えているという。

ほどなく、「ジャー」という落下音が聞こえた。あわてて2メートル先の防空壕へ飛び込んだ瞬間、焼夷弾が落ちた。間一髪、直撃は免れたが、浜田さんは火だるまになり、防空壕の中で気を失った。

「後で聞くと、防空壕の中が燃え出し、『助けて』という母の声を聞いた近所の人たちが、バケツリレーで水をかけて火を消し止めてくれたそうです」

一命は取り留めたが、浜田さんは顔、両手、両足などに大やけどを負った。

吉田栄子《はえこ》さん（74）は、両親と姉2人、6歳の弟、同居していた父の弟である叔父夫婦ら計9人を亡くした。当時10歳で国民学校の4年生だった吉田さんは、泉南郡岬町の親せきの家に縁故疎開していて難を逃れた。

父の本間弥一郎さん（享年49）と母のスエノさん（享年44）は、中央区河原町2丁目で、軍艦などを磨くために布を何枚もミシンで縫いつける「バフ」を作る町工場を営んでいた。空襲の2日後、迎えに来てくれた親戚に連れられ駆けつけたが、住み慣れた家は焼け落ちていた。

両親の遺体も見つからず、対面できたのは姉の初子さん（享年20）の遺体だけ。

「この子、今はわかってないけど、将来、苦労するよ」――。

焼け跡に親戚が集まった際、伯母が呟いた一言が少女だった吉田さんの心に深く刻み込まれた。

吉田栄子さん

谷口佳津子さん

谷口佳津子さん（70）は当時7歳で、国民学校1年。南区（現・中央区）高津の自宅で寝ていたところ、母親に起こされた。

「今夜の空襲は大きいらしい

わ。お母ちゃんは家を守らなあかんから、姉ちゃんと二人でお逃げ」

父親は、谷口さんが2歳の時に病死しており、母親が女手一つで5人の子どもたちを育てていた。

姉に手を引かれて外へ飛び出すと、避難する人たちでごった返していた。そこにも焼夷弾が落とされ、いたるところで炎と青白い煙が立ち上がる。子どもの泣き声、女性の悲鳴などが飛び交うなか、懸命に逃げた。

天王寺区の味原国民学校へ逃げ込むと、避難してきた人たちであふれていた。

翌日、東区（現・中央区）にある大江国民学校へ移動させられ、一週間過ごした。

迎えに来てくれたのは母の姉だった。その伯母は呟いた。

「お母ちゃんが迎えに来ないところをみると、死んでいるのかもしれん……」

近くの学校を訪ねると、並べられた母と兄の遺体があった。

防空壕で窒息死したあと、炎に包まれたのだろう。母の顔は黒く焼けていた。谷口さんはショックのあまり、声も出なかったという。

無差別じゅうたん爆撃

日本本土が初めて米軍による空襲を受けたのは1942年4月18日、真珠湾攻撃から5ヵ月後のことだった。

できる限り米空母を日本近海に近づけ、そこから発進した16機のB25爆撃機が東京や川崎、横須賀、名古屋、神戸を爆撃した。最長航続距離が短いため、再び空母へ帰還することができず、そのまま中国の基地へ向かっている。このときの攻撃で50人が死亡、400人が重軽傷を負った。いずれも戦闘員ではなく一般市民だった。

その2年後、B29が配備された。

「超空の要塞（スーパーフォートレス）」の別称を持つ、当時最も大型で最新鋭の長距離戦略爆撃機だった。30億円といわれた開発費は当時の日本の国家予算

焼夷弾を落とすB29爆撃機（米軍撮影、朝日新聞社提供）

の6割にあたる。

航続距離はＢ25の倍以上の５２３０キロ、44年6月には、中国内陸部の都市・成都を発進して北九州の八幡製鉄所などを初めて空爆した。

その後、米軍は南方のマリアナ諸島のサイパン、テニアン、グアムを奪取する。日本本土まで２４００キロと、Ｂ29が往復可能な攻撃圏内に入った。44年11月24日の東京を皮切りに、日本本土への空襲が本格化する。

このときの米軍の指揮官はヘイウッド・ハンセル准将で、攻撃目標を軍事施設に限った高い高度からの「昼間精密爆撃」を主張していた。かつて日本軍が中国の重慶などで行った無差別爆撃に対して非人道的だという感情を抱いていたからだ。

だが、精密爆撃は目に見える形での効果は上がらなかった。

日本の高射砲を恐れて高い高度から攻撃するため、投下した爆弾は風に流されたりする。機体も乱気流によって激しく揺れたりして爆撃効果が不安定だった。こうした〝誤爆〟は結果的に一般市民の命を奪うこと

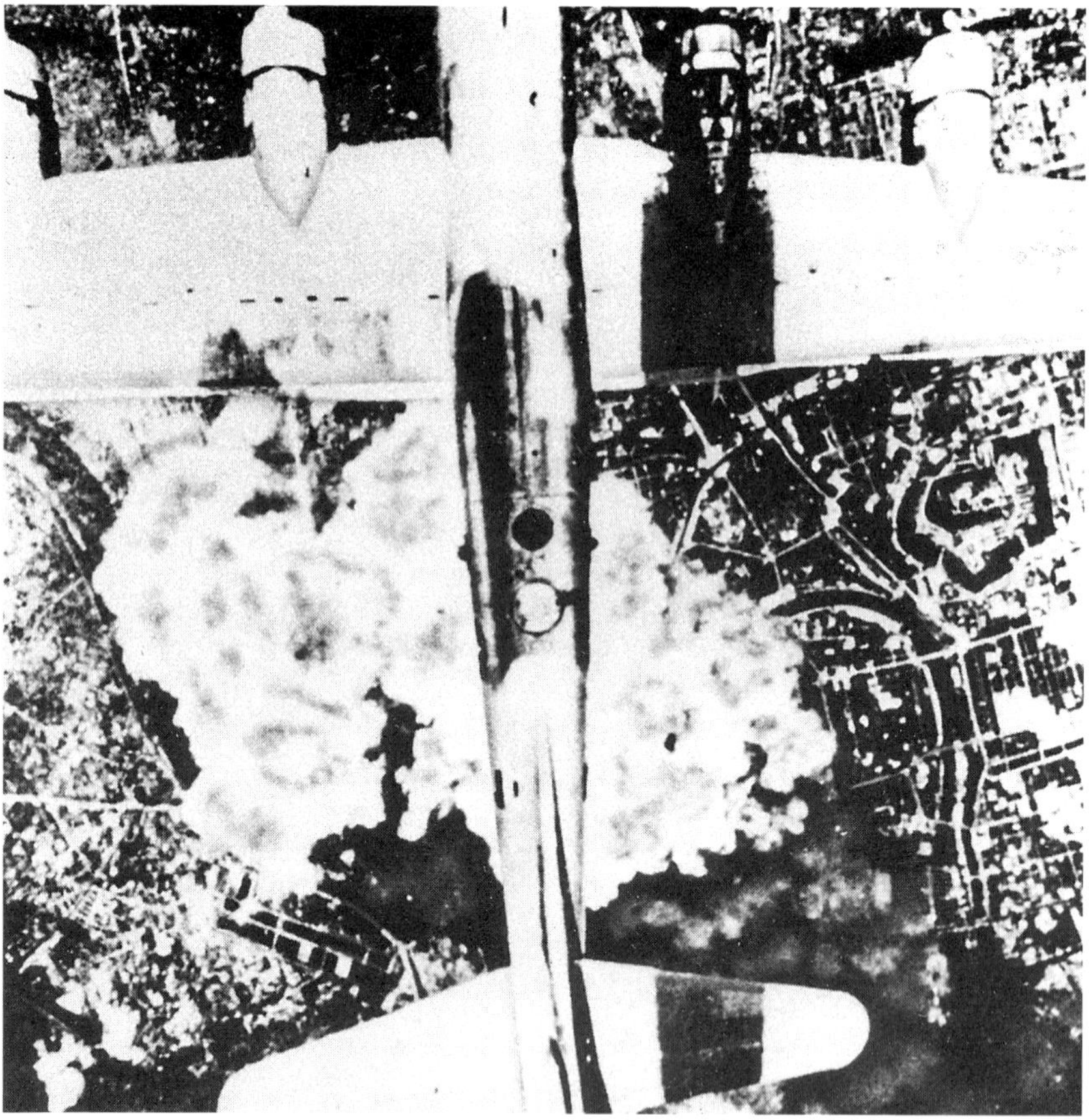

大阪をじゅうたん爆撃するB29爆撃機。右側に大阪城が見える。（米軍撮影、朝日新聞社提供）

になる。

１９４５年1月、ハンセル准将は第21爆撃軍司令官を解任され、後任にカーティス・ルメイ少将が着任する。ルメイ少将は、床に敷かれたじゅうたんのように爆弾が一面を覆う――「じゅうたん爆撃」を最初に実践した人物で、焼夷弾による日本焦土化作戦を立案・指揮した人物である。

最初のターゲットは１９４５年3月10日、東京だった。

ルメイ少将は、それまでの爆撃作戦を軍事目標から一般市民を対象に変え、昼間爆撃から夜間爆撃に、使用爆弾は焼夷弾一本にし、高い高度からではなく低高度爆撃に変えた。

「ザァー」という夕立のよう

な激しい音とともに焼夷弾が落ちてくる。火の粉が舞い、炎が燃え上がる。生きながら焼かれていく人。崩れ落ちる家の柱や壁の下敷きになって命を落とす人。巨大な火災旋風が至る所で発生し、橋や建物に炎が流れ込んで焼死する人や、炎に酸素を奪われ窒息死する人も多かった。

投下された焼夷弾は33万発、1665トンに及んだ。被災により死亡した住民は、推定10万人以上、負傷者40万人、焼失家屋は26万8000戸。広島と長崎を除けば、1回の攻撃で史上最多の死者を出した。

東京につづいて、名古屋、大阪、神戸に焼夷弾による夜間の低空絨毯爆撃が次々に行われた。横浜を加えた5大都市が壊滅《かいめつ》状態になると、6月中旬から攻撃対象は地方都市へと広がる。

安野輝子さんも7月、鹿児島県川内市（現・薩摩川内市）で空襲に遭《あ》った。自宅で弟や従姉妹と遊んでいて、爆弾が自宅近くに落ちた。気を失った安野さんが目を覚ますと、周りは血の海だった。その中に、安野さんの千切れた足があった。数十メートル先で爆発した爆弾の破片が部屋に飛び込んできて、左足の膝から先を削り落としていたのだ。

空襲による全国の死者は50万人を超えると言われている。しかし、国は今もなお、犠牲者の数などの調査を一切行っていない。

日本もやっていた無差別爆撃

無差別じゅうたん爆撃は、国際法でも禁止されている非人道的な戦闘行為だ。

1899（明治32）年にオランダのハーグで開かれた第1回万国平和会議において採択された「ハーグ陸戦条約」（陸戦ノ法規慣例ニ関スル条約）で、「無防備都市、集落、住宅、建物はいかなる手段をもってしても、これを攻撃、砲撃することを禁ず」と明文化されている。

さらに、1922（大正11）年のハーグ空戦規則でも「非戦闘員に対する爆撃」と「陸上軍隊の作戦行動の直近地域でない都市の爆撃」が禁止されていた。

にもかかわらず、無差別じゅうたん攻撃を行った米軍の当時の公式見解はこうだ。

〈日本の一般住宅街には、軍需工場で使われる様々な種類の部品の製造に携わっている無数の町工場があり、家内工場も営まれているので、そうした市街地域全体を空爆することに何ら倫理的問題はない〉

ただ、米軍の無差別じゅうたん爆撃で焦土と化した日本も、実は、アジア太平洋地域で無差別都市爆撃を行っていた。

そのきっかけは、１９３１年9月に勃発した満州事変だった。奉天（現・瀋陽）郊外の柳条湖で、関東軍が南満州鉄道の線路を爆破しながら、それを中国軍による破壊工作だとして攻撃を仕掛ける一方で、関東軍司令部を旅順から奉天へ進出させた。

それに対して、父の張作霖を関東軍によって爆死させられ、奉天を拠点に日本軍に抵抗していた軍閥の張学良は、遼寧省錦州市に拠点を移す。

その年の10月、関東軍航空部隊が錦州市街を爆撃し、中国側の発表で民間人14人の死者を出した。

この錦州空爆が日本軍による初の都市爆撃で、35年のイタリア軍によるエチオピア爆撃や37年のドイツ軍によるスペイン・バスク地方の古都・ゲルニカ空爆よりも先に行われた無差別爆撃である。

32年1月に起きた上海事変でも、日本軍は上海市街を爆撃している。

爆撃を目撃したアメリカ人ジャーナリストのエドガー・スノーは、著書『極東戦線』のなかでこう書いている。

〈ガレキの下や不気味な角度で倒れている大きな角材の下には、男や女や子どもが死んでいた。ときどき血まみれのかたまりの中から足や腕がつき出ていた。もっとひどい場合は体がバラバラになっていたり、野犬の餌食にされたりしている。生き残った人たちは残骸の中をまだ右往左往していく〉

日本軍はその後も大規模な空爆をエスカレートさせ、南京、武漢、広東、重慶といった都市市街地を次々と無差別爆撃していった。

なかでも、重慶市は中国西部の都市で、当時の人口は１００万人。中華民国の首都だった南京陥落後、蒋介石率いる中国国民党が首都機能を移したことで、日本軍は38年12月から43年8月まで5年近くにわたって無差別爆撃を繰り返した。

中国側の資料によると、２１８回の空襲で投下された爆弾は2万１５９３個。死者1万１８８９人、負傷者1万４１００人、破壊家屋は1万７６０８棟を数えた。

特に、39年5月3日、4日の空襲は、2日間で５０００人を超える死者を出し、あの悪名高いゲルニカ空爆の推定死者１６５４人を遥かにしのぐ。

重慶爆撃の被害者たちは、２００４年4月に「重慶大爆撃被害者民間対日賠償請求原告団」を結成した。４００人を超える原告のうち、40人が06年3月、日本政府に対して謝罪と4億円の損害賠償を求める訴訟を東京地裁に起こしている。

日本軍による残忍な無差別爆撃について、「東京大空襲訴訟弁護団」は訴状の中でこう位置づけている。

〈日本軍が撒いた種が、東京空襲をはじめとした日本全国の都市への無差別絨毯《じゅうたん》爆撃を、より大規模な無差別爆撃となし、東京空襲、日本各都市空襲、広島、長崎への原爆投下とつながった〉

被害を大きくした政府の無策ぶり

空襲による国内の死傷者は１０２万人、ほぼその半数が死亡者で、そのほとんどが一般市民であった。だが、市民も空襲に対する備えをしていないわけではなかった。だが、それは恐ろしく甘い国の認識に基

『時局防空必携』の表紙

づく、気休めに過ぎないものだった。

真珠湾攻撃からわずか2日後の1941年12月10日、防空に必要な事柄を記した一般国民向けの手引書『時局防空必携』が発行された。手の平サイズで、発行者には陸・海軍省をはじめ、内務省や大蔵省など12省庁と企画院と防衛総司令部が名を連ねている。

この手引書を家庭に一冊備え、家庭と隣組で繰り返し読み合って理解を深め、ここに書いているように準備を整えて訓練をやっておくよう命じている。

「第一、空襲判断」のなかで、「空襲は必ず受ける」としたうえで、空襲の機数と回数について、

〈大都市では昼間なら1回2、30機、夜なら十数機、中小都市では数機で、戦争の一段階を通じて数回、多くとも十回くらいの空襲を受けるものと思えばよい〉

とある。

当時の生活単位である「隣組には何発中《あた》るか」について、

〈断定は出来ないが、隣組では各々一発中《あた》るものとして準備すればよい〉

空襲の実害については——。

〈弾は滅多に目的物に中《あた》らない。爆弾、焼夷弾に中《あた》って死傷する者は極めて少ない。

焼夷弾も心掛けと準備次第で容易に火災とならずに消し止め得る〉

このほか、「焼夷弾が落ちてきたら」という項目については、こう記されている。

一、従事者はなるべく被服を水で濡らし防火に当たると同時に、大声で近隣に知らせる。

二、防火のやり方は直ちに周囲の燃え易い物に水をかけると同時に、濡莚類、砂、土等を直接焼夷弾にかぶせ、その上に水をかけ火を押え延焼を防ぐ。

三、エレクトロン焼夷弾の火勢が衰えたものは屋外に運び出す。黄燐焼夷弾が飛び散って柱やフスマ等に付いた時は速やかに火たたき等で叩き落して消火する〉

しかし、米軍は、木と紙でできた日本の家屋が火災にもろいことをすでに把握しており、開戦前から大量の焼夷弾による攻撃方針を決めていた。

広範囲に火災を発生させることを目的に開発されたのがM69油脂焼夷弾である。

直径8センチ、全長50センチ、鋼鉄製の筒状で、中には「ナパーム剤」と呼ばれるゼリー状のガソリンが入っていた。屋根などに落下すると5秒以内にナパームに火がつき、その熱で筒が吹き飛ばされ、四方にナパームを撒き散らして建物を延焼させる。850度という高熱で粘着性もあるため、火たたきで消火できるものではない。

そのM69焼夷弾が19個ずつ2段に束ねられ（クラスター）、投下されると、1本1本がばらばらになって落下する構造となっている。不発弾を残し、それが地雷の役割を果たす非人道的な「クラスター爆弾」と同じメカニズムである。

焼夷弾は屋根や天井との間で止まるよう、焼夷弾の降下を減速させるひも状の布がついており、それが燃えながら落下する様子は「火の雨が降っているようだった」という。

『時局防空必携』はさらに、焼夷弾攻撃で火災になったらどうするかについて、こう書いている。

一、被服を水に濡らして消火に当たる。
二、燃えている所にどんどん水をかける。
三、次の方法により隣家への延焼防止に努める。この場合、多量の水が必要であるから水の補給に気をつけること。隣家が火焔をかぶっているときは、バケツ、水柄杓《ひしゃく》、水道ホース等でその場所に水をかける。熱気をうけて建物の外側から水蒸気を発散しているときは、火を発し易い庇下、妻などに注意して、バケツ、水柄杓、水道ホース等で水をかける。
四、風下では飛び火の警戒をする。飛び火の警戒には水で濡らした火叩きで飛び火を叩き消すか、バケツ、水柄杓等で水をかける。
五、警防団や消防隊が駆けつけて来たら、その指図に従って消防の補助にあたる。

実際に爆弾や焼夷弾が大量に投下された空襲時には、防空演習や消火道具などの備えは無に等しいものであり、こうした想定がいかに現実離れしたものであったか、やがて始まる空襲で明らかとなっていった。

主な大阪大空襲とその被害状況

	日	時刻	来襲機数	投下弾等	主な被災地域	被災戸数	被災者数	死者数	重傷者数	行方不明者数
1	3月13～14日	23：57～03：25	B29 274機	焼夷弾 1,733トン	大阪市浪速区、西区、南区、港区、大正区、東区、西成区、天王寺区	136,107	501,578	3,987	8,500	678
2	6月1日	09：28～11：00	B29 458機 P51 少数	焼夷弾 2,789トン 機銃掃射	大阪市港区、此花区、大正区、福島区、北区、天王寺区、東区、大淀区	65,183	218,682	3,112	10,095	877
3	6月7日	11：09～12：28	B29 409機 P51 138機	焼夷弾 2,594トン 機銃掃射	大阪市都島区、大淀区、旭区、淀川区、東淀川区、福島区、北区、豊中市	58,165	199,105	2,759	6,682	73
4	6月15日	08：44～10：55	B29 444機	焼夷弾 3,157トン	大阪市西淀川区、天王寺区、生野区、東成区、西成区、淀川区、北区、東区	53,112	176,451	477	2,385	67
5	6月26日	09：18～10：22	B29 173機	爆弾 1,140トン	大阪市此花区、福島区、西淀川区、城東区（住友金属と造幣廠）	10,423	43,339	681	983	63
6	7月10日	01：33～03：06	B29 116機	焼夷弾 779トン	堺市、大阪市住吉区、貝塚市	16,488	65,825	1,394	1,574	9
7	7月24日	10：44～11：01	B29 117機	爆弾 704トン	大阪市此花区、城東区、東区（住友金属と造幣廠）、守口町	893	3,503	214	329	79
8	8月14日	13：16～14：01	B29 145機 小型機若干	爆弾 707トン	大阪市東区、城東区（造幣廠）	1,843	2,967	359	33	79

※大阪空襲は56回ほどあったが、この表はその中でも大規模なもの８回の状況（「ピースおおさか」資料より）

さらに被害を大きくした要因の一つが1937年に制定された「防空法」である。

〈主務大臣ハ防空上必要アルトキハ勅令ノ定ムル所ニ依リ一定ノ区域内ニ居住スル者ニ対シ期間ヲ限リ其ノ区域ヨリノ退去ヲ禁止若ハ制限シ又ハ退去ヲ命ズルトコロエヲ得〉

とあるように、空襲時には被災地を離れることもできず、民間での灯火管制・消防・防毒・避難・救護の実施および必要な監視・通信・警報などが義務づけられ、防空壕の造成が要請されていた。

この法律の目的について、田中利幸氏は、著書の『空の戦争史』（講談社現代新書）の中で、こう指摘している。

〈国民の生命・財産を敵の空爆から守ることではなく、国民を防空演習・訓練に総動員することによって統制・支配することにあった。したがって、この法律では、幼児、老人、病人を除いて原則として市民が「空襲避難」することを認めておらず、居住者の事前退去、すなわち無断で居住地から避難することは禁止されていた。大政翼賛会の基礎単位であった「隣組制度」を防空の基礎単位とも位置づけ、空襲時には町内会の治安維持のために隣組防空群が警察や警防団に協力する体制を普段から整備しておくことが重視されたわけである〉

第3章

裁判で何を訴えるのか

先行する東京大空襲訴訟

空襲をめぐる集団訴訟では、東京大空襲の被害者らによる先例がある。東京への大空襲から数えて62年になる2007年3月9日、空襲被災者と遺族112人が国に謝罪と総額12億3200万円の損害補償を求めて東京地裁に集団提訴した。空襲による民間の被害者が、集団となって空襲被災者に何の援護もせず放置してきた国の責任を問うのは初めてのことだった。

原告は現在、132人を数え、全国から116人の弁護士が結集して弁護団を組織している。すでに12人の本人尋問、学者らによる証人尋問も行われ、2009年5月21日に結審、夏の終わりか、秋には判決が出る予定だ。

裁判の目的は主に3つ。

一、犠牲者の凄惨な体験を語り、前線と銃後、兵と民との差はなく、日本の国土が戦場であったことを明らかにする。

一、東京空襲が国際法違反の無差別絨毯《じゅうたん》爆弾であったことを裁判所に認めさせ、戦争を開始した政府の責任を追及する。

一、父母兄弟・身内を亡くした人、傷害者となった人、孤児になった人、家・財産を失った人、などの戦中戦後の筆舌に尽くせない辛酸な生き様を明らかにし、日本国憲法にもとづき、国に対し、民間人犠牲者への差別をあらためさせ、法の下での平等を実現するとともに、犠牲者への追悼、謝罪及び賠償を行わせる。

なぜ国を訴えるにいたったのか。２００７年5月24日の第一回口頭弁論で、中山武敏弁護団長はこう意見陳述している。

「原告らは、62年の時を経過してもなお癒えぬ傷と悲しみが続き、国の責任を問う思いが日々に強まっているからだ。本件訴訟は過去の出来事に対する訴えではなく、現在も癒されることなく続いている苦しみに対する訴えであり、人間回復を求める訴えである。東京空襲の被害は被害当日にとどまるものではなく、戦後長く、そして現在までその被害は継続しているのであり、被告国が民間人被害者を切り捨て放置し、軍人・軍属との差別を肯定している不条理がさらに原告らの苦しみを拡大させている。

東京大空襲訴訟の星野原告団長

本件訴訟は司法にかかわる者の人間感覚が問われている訴訟でもある。いかなる差別も人間として耐え難いものである。原告らは『このままでは死ぬに死に切れない』との思いで憲法第14条の法の下の平等の実現、人間回復を求めて本件提訴をした」

この日は、星野弘原告団長ら3人の原告も、それぞれの凄惨な空襲と戦後の体験などについて陳述した。

星野さんは、病気や経済的理由で原告を断念した被災者が多くいることを語り、「私たち原告団はこの『声なき声』を含め東京空襲被災者の願いを胸に、戦後62年にわたって民間人には援助も謝罪もせず切り捨て放置した国の責任を問う」と訴えた。

一方の国は、請求の棄却を求め、以下の内容の答弁書を提出した。

〈最高裁判所昭和62年6月26日第二小法廷判決は、第二次世界大戦中に米軍による名古屋地域の空襲の際に負傷したとする原告らが立法不作為等を主張して国賠法1条1項に基づき損害賠償請求した本件と同類の事案について、「戦争被害ないし戦争損害は、国の存亡にかかわる非常事態のもとでは、国民のひとしく受忍しなければならなかったところであって、これに対する補償は憲法のまったく予想しないところというべきである」としている。原告らの主張する損害も正に「戦争損害」として、国民のひとしく受忍しなければならない損害であって、これに対する補償は、憲法も予想していないところなのである。したがって、原告らの請求が認められる余地のないものであることは明らかである〉

いわゆる「戦争損害受忍論」である。

最高裁が追認した「受忍論」

１９８７（昭和62）年６月26日に最高裁判所が出した判決というのは、名古屋空襲で片腕を失った女性２人が「同じ戦争犠牲者なのに、旧軍人・軍属だけを援護の対象にし、民間人を差別するのは、法の下の平等を定めた憲法14条に違反する」として、国を相手に慰謝料６００万円の支払いを求めた訴訟の上告審のこと。

当時、最高裁は「戦争犠牲ないし戦争損害は、国の存亡にかかわる非常事態のもとでは、国民のひとしく受忍しなければならなかったところであって、これに対する補償は憲法のまったく予想しないところというべきである」とし、「戦争犠牲者の人的損害を補償し、あるいはその救済のためどのような立法措置を講ずるか否かの判断は、国会の裁量的権限に委ねられるもの」として、請求を退けた１審、２審判決を支持した。

軍人優先の補償政策を追認し、国が裁判で主張した「戦争損害受忍論」を取り入れ、国民にのみ我慢を強いる判決だった。

これに対して、「東京大空襲訴訟」原告側はこう反論している。

〈サンフランシスコ条約で日本国政府が、日本国民の被ったアメリカによる空襲被害に対する請求権を放棄したのであるから、国民のうけた被害は、当然、日本国政府が国家補償を以て救済する責任を負わなければなりませんでした。

政府は、復活した軍人・軍属の「恩給法」と同時期に、戦前一般市民のために実施されていた「戦時災害保護法」を復活すべきでした。その後、民間被害者団体から、救済のための法案（戦時災害援護法）による請願を何度も受けているにもかかわらず、何もなされていません。政府の怠慢は免れません。

従って、訴訟原告および支援する空襲犠牲者遺族会は、国家補償を日本国政府に請求することになります。

今までとかく、わが政府・その官僚、司法は、「恩給法」をのぞいて戦争の清算をしてきませんでした。憲法14条などの法を極めて狭く解釈することによって国の責任を免れようとします〉

この裁判では注目すべき点もあった。

１９８０年の控訴審判決で、名古屋高裁は原告側の訴えを棄却しながらも、判決の中でこう述べている。

〈戦争被害は被害を受けた人（軍人・軍属も受けています）も、受けていない人も等しく受忍しなければならなかったとして、空襲犠牲者の人的損害を補償し、あるいはその救済のためどのような立法措置を講ずるかの選択は、立法府の広い裁量に委ねる〉

最高裁判決から20年。「受忍論」をたてに早急に幕引きを図ろうとする国に対し、東京地裁は、事件の実態がつかめない限り結論は出せないと、本人尋問を認めている。法廷ではこれまでに12人の原告が生々しい空襲の記憶を語った。さらに、原告側の申請した専門家証人も採用され、証拠調べが行われている。

東京大空襲の原告から聞き取り調査をした臨床精神科医で、関西学院大学教授の野田正彰さんも証言台に立った。

野田さんは「戦時中の空襲被害者の多くが平穏な日常生活を数十年送った後で、数十万人の命が奪われた空襲被害が、消し去ることのできないトラウマ（心的外傷）となり、人生の晩年にさしかかった被害者を苦しめている」と述べ、苦しみが癒えるどころかいまも重くのしかかっている実態を証言した。

大阪空襲訴訟が訴えるもの

大阪では、東京に遅れること１年半後、空襲被災者らが原告団を結成した。

一つの大きなきっかけになったのは、「戦災傷害者の会」の安野さん、藤原さん、小林さんら3人が2008年3月13日から実施した空襲体験者の掘り起こし策の「空襲110番」だ。「戦災傷害者の会」代表世話人だった小見山重吉さんが2007年秋に脳梗塞で倒れたこともあり、署名活動から路線転換した。

朝日新聞をはじめ毎日放送ラジオなど、在阪のマスメディアが大きく取り上げたこともあって、90人が電話をかけてきた。その中には、「裁判するのなら私も原告になる」とか、「戦後、生きるのに精いっぱいで、空襲被災者が集まる会があることを初めて知った」などという人も少なくなかった。

東京大空襲訴訟原告団・弁護団の協力を得て、裁判についての勉強会も並行して行った。

その一人、東大阪市の中本清子さん（70）は2008年6月、安野さんらが大阪空襲訴訟の原告を募っているという新聞記事を見て、矢も盾もたまらず集会に参加した。

1945年6月7日。中本さんは当時6歳、国民学

親戚宅で焼失をまぬがれた写真（前列右から3人目が中本さん）

校の1年生だった。

大阪市都島区内代3丁目の自宅で空襲に遭った。姉2人は集団疎開で不在。中本さんは母に手を引かれ、自宅の向かいの防空壕へ逃げ込んだ。

焼夷弾が落下する音が聞こえる中、母がご先祖の位牌を抱いて「南無阿弥陀仏」と唱える姿が今でも目に焼きついている。

幸い二人とも無事だったが、家はもちろん、箸一膳に至るまで家財道具も消失してしまった。隣近所も焼け、見渡す限り一面焼け野原となった。

焼け残った家を借りて、暮らしを立て直そうとした母だったが働くところもない。頼るべき夫は出征していて生死も定かではなかった。

中本清子さん

中本さんは母親に連れられ、愛媛、岩手、山口と親せき宅を転々とした。大阪で生まれ育った母にとって農作業は初めて。手伝いもできず、母子ともますます肩身の狭い思いをした。

母親は中本さんらをあずけて一人大阪で住み込み、縫い物から病院の付添婦など、朝から夜遅くまで働き続けた。

戦後しばらくして父親が戦地から引き揚げてきたが、精神を病んでいた。夜中、「ただいま帰還しました」と大声で叫ぶこともしばしばで、ついには酒におぼれるようになる。

母が過労の末に亡くなったのは敗戦から4年後、中本さんが小学5年のとき。38歳だった。

母の死で、一家は散り散りになってしまう。父親はアルコール中毒になり、自らの命を絶った。姉たちとも音信不通になった。

「空襲さえなければ、家さえ焼かれなかったら、母は死なずにすんだかもしれない。お母ちゃんが一番かわいそうやわ」

中本さんは、母親の無念を晴らすためにも、原告に参加したいと名乗りを上げた。

国を訴えようという機運が徐々に高まって行き、原告は大阪や兵庫、奈良、長野の4府県に住む63歳から80歳までの18人が集った。原告団と一緒に裁判を闘う弁護団も、「大阪中央法律事務所」の高木吉朗弁護士が奔走して13人の弁護士が結集した。

６月１日の大空襲。大阪を空襲するため紀伊水道を北上するB29の大編隊。（豊中市、小椋道生・画。ピースおおさか提供）

訴状では、請求の法的根拠を２つ挙げている。

１つ目は、先行行為に基づく作為義務違反。

２つ目は、戦後63年以上にわたり空襲被災者に対して援護を行う立法が制定されていないという「立法不作為」の違法性である。

まず、１つ目の作為義務違反について。

日本政府が無謀な太平洋戦争の開戦に踏み切り、さらに、戦争終結の時期を遅らせ、本来ならば避けられたはずの空襲を招いた。これが先行行為に基づいて、空襲被災者らに対して援護策を講じるべき義務を負っていた（作為義務）。ところが、空襲被災者を放置し、その被害および人格権侵害の度合いを一層深刻化させた（義務違反）ことから、原告らに与えた損害を賠償し、かつ謝罪すべき責任を負うという主張だ。

特に、１９４４年のマリアナ諸島（サイパン島、テニアン島、グァム島）陥落により、日本本土への空襲の危険性が現実化した時点において、終戦工作を行っていれば原告らのような空襲被害者を生み出さずにすんだとしている。また、45年２月に、近衛文麿元首相が「敗戦は必死であり、戦争推進派を一掃して速やかに戦争終結の方法を考えるべき」とする上奏文を昭和天皇に提出したが、戦争推進派に押し切られた。この時点で終戦工作がなされていれば、空襲のみならず多くの犠牲者が助かったと主張している。

２つ目の「立法不作為」については、必要な法律を講じてこなかった違法性を問う。

つまり、日本政府は、旧軍人・軍属には手厚く援護しており、それ以外にも広島・長崎の原爆被爆者や沖縄戦の被害者の民間被災者への援護策も講じている。ところが、空襲被災者に対しては放置したままである。同じ人間として、国が起こした戦争によって被害を受けた者でありながら、空襲被災者のみが差別され、援護策を受けられない合理的理由は存在しない――というもの。つまり、平等に救済されねばならないという主張だ。

さらに、問題の「戦争損害受忍論」については新たな理論構成で反撃する。

最高裁が訴えを棄却した理由の１つ――「戦争損害に対する補償は憲法のまったく予想しないところ」という点について、大阪空襲訴訟弁護団はこう反論している。

〈戦争損害は、アジア・太平洋戦争に起因して発生したもの。そして、日本国憲法は、ほかならぬアジア・太平洋戦争の反省を踏まえて制定されたものであり、戦争損害なくして日本国憲法は生まれなかったといっても過言ではない。

政府の行為によって二度と戦争の惨禍が起こらないようにすることを誓っている憲法が、そのもととなった戦争損害に対して「まったく予想しないところ」などという態度をとっていられるはずがない。

むしろ、新しい憲法原理である平和主義を定着させるため、さまざまな戦争防止策が立法、および行政を通じて具体化されることを憲法は予定していると考えるのが自然である。そして、戦争防止策としては、侵略戦争を指導した者や加害者を処罰するだけでなく、その犠牲となった者について、補償したり保護を与えたりすることも、平和政策としては有効である。

戦争損害について国が救済措置を講じることは「憲法のまったく予想しないところ」であることは決してなく、平和主義を掲げている憲法の要請するところであるといわなければならない〉

第４章　原告たちの訴え

12月８日提訴を迎えて

２００８年12月８日。太平洋戦争開戦68年目のこの日、18人の原告は弁護団、支援者らとともに、「政府は戦争の後始末をきちんとせよ！　空襲被災者・遺族に謝罪と補償を！」と書かれた横断幕を手に、大阪地裁へ向かった。

原告団代表世話人の安野輝子さん（69）は空襲で左足を失った。敗戦の翌１９４６年、小学校へ入学したが、友達もできなかった。松葉杖をついて歩く姿に周りから好奇の目で見られ、つらい思いをしたという。

「学校では遠足や運動会と、楽しそうな同級生を一人で見ているだけでした。友達と過ごすこともあまり

大阪地裁へ向かう原告団

なく、雨が降ったら松葉杖が滑るので休み、いじめられては休んでいました。いつも一人ぼっちで、『私なんか、助からなくてよかったのに』と思うようになっていましたね」

16歳の時、母から「手に職をつけなさい」と言われて洋裁学校へ通う。そこでも孤独だった。

「夕方、学校が終わると、みんなハイヒールをはいてダンスパーティーへ行くのです。一人で帰る私とは住む世界が違うのだなと感じていました」

就職もできず、安野さんは洋服の注文を受ける仕事を始めた。生地選びからデザイン、縫製、納品と、一生懸命に働いて戦後を生きてきた。

母を一度だけ責めたことがある。成人したばかりの頃だった。

「どうして戦争に反対しなかったの。戦争さえなかったら、こんなにつらい目に遭うこともなかったのに」と。

母はこう答えた。

「気がつくと戦争は始まっていたの。どうしようもなかったのよ」

そのときは納得できなかったが、6年前、ようやく母の言葉を理解する。当時の小泉内閣が国民の反対を押し切り、自衛隊のイラク派遣を決めたときだった。

「気がつくと戦争が始まっていたという時代と、今の状況は似ているのではないかと思えたのです。これはダメだ、黙っていてはいけないと思うようになったのです」

それまでも不自由な足で「戦時災害援護法」の制定に向けて奔走してきたが、法案は次々と廃案になり、署名すら受け取ってもらえなくなった。

もう署名集めとか、陳情とか、それまで通りの活動では声は届かない。といって、黙っていては何事もなかったかのように終わってしまう。そんな思いから次の選択肢として集団訴訟を考えるようになった。東京の提訴も背中を押してくれた。

そして迎えた提訴の日。原告を代表して司法記者クラブで会見した安野さんは「やっと、ここまでたどり着けました。まだスタートだけれど、感無量です」と述べた。

あの日の記憶はないが……

安野さんとともに記者会見にのぞんだ藤原まり子さん（63）も、戦後、苦難の道を歩んできた。空襲に遭ったという記憶はないが、苦しみは戦後ずっとつづいている。

生まれて2時間後の大空襲で左足に大やけどを負った。ケロイドになり、足首とひざの関節が曲がらなくなった。成長とともに左右の足の長さに差が出てきたため、小学校への入学とともに左足に補助具をつけ、それを隠すために太目のズボンをはいて通学した。体育の時間や運動会はいつも隅っこで見守るだけ。

「私の足がみんなと違う」と意識したのもその頃。母に尋ねると、「戦争でケガしたんや」と教えてくれた。辛そうな母の表情を見て、聴いてはいけないことかもしれないと、それ以上は尋ねることができなかった。

銭湯で、小さな男の子にじろじろ見られて「変な足」と笑われた。その子の母親はたしなめるでもなく、「あんたも悪いことをしたら、あんな足になるんやで」と追い打ちをかけた。

中学2年の夏、義足をはめるために左足のひざから10センチ上のところで切断した。「スカートがはける。足が曲がると思うとうれしかった」。しかし義足は傷口と擦れ、痛みが襲った。

高校卒業後は洋裁学校に通った。藤原さんもまた「手に職をつけないと、食べていかれへん」という母の勧めだった。

今では5人の孫にも恵まれたが、「戦争さえなかったらという悔しい気持ちが消えたことはない」という。

「戦争さえなければ、自分の足で思いっきり走ることができたのに。いつも履いているペタンコの靴ではなくハイヒールを履けたのに。何より『私なんか、みんなに迷惑をかけるだけ』という無力感を抱えることもなかったのに……」

それゆえ、藤原さんは提訴に踏み切った理由をこう語る。

「戦争の傷は今も深い。子どもや孫たちに同じ思いをさせたくないから」

「人生を狭められた」

提訴に向けて奔走してきた小林英子さん（76）は、空襲で右ひざに焼夷弾の破片が直撃し、右足のひざの皿が粉々に割れ、骨も折れる重傷を負った。

28歳までに右足を4回手術したが、後遺症で足は伸びきったまま。手術痕が幾重にも残っている。当時1年生だった女学校も自然退学となり、学ぶ機会さえ奪われた。

17歳の時、化粧品会社へ就職したときに言われた言葉が耳を離れない。

「そんな足の子を雇って」――。

その後、転職を繰り返し、33歳のときに結婚。夫も足に障害を持ち、洋服の修繕を営んでいた。

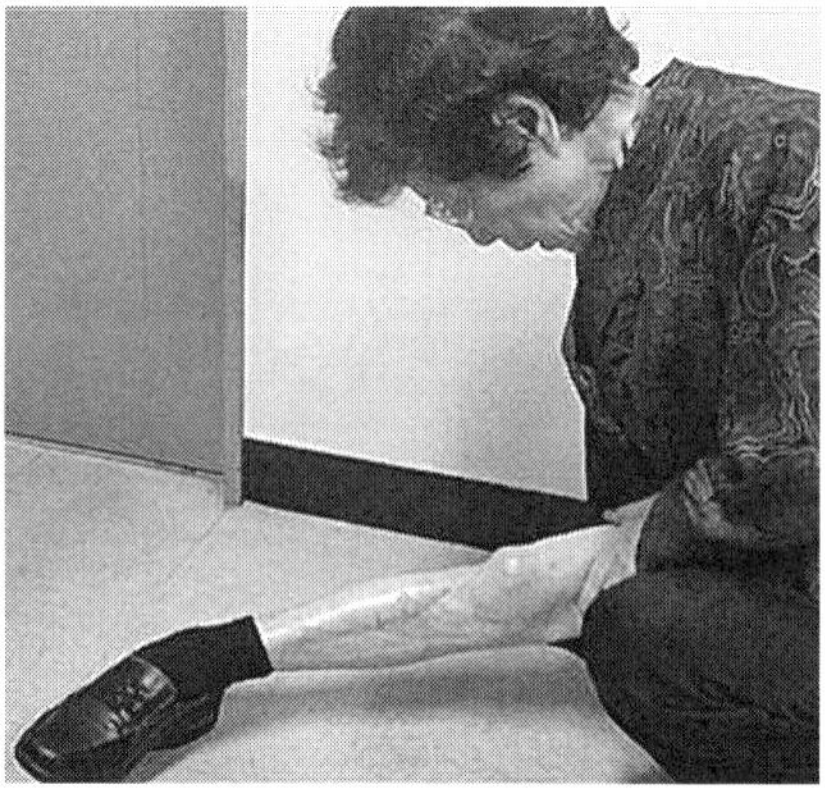

小林さんは、損害保険会社の営業、週末には日本中央競馬会の馬券所で働く生活を65歳までつづけた。

孫ができたとき、「自分が負傷した年頃になったら読み聞かせたい」と、自身の体験を書いた本『孫に伝える〈ＳＥＮＳＯＵ〉の話』を自費出版した。２００５年のことだ。

小林さんは「戦争で人生が半減した」という。

「もし、足をけがしていなかったら、高校へも行きたかったし、もっとたくさんの人たちとの出会いもあったはず。いつも負い目を感じることもなかったやろうし。自分の人生を狭《せば》められました」

脳梗塞で倒れた小見山重吉さんは、入院中の病院で安野さんらから集団提訴の話を聞き、大粒の涙をこぼした。

「とうとう、ここまで来たんやな。わしはこんな身体やけど、絶対に原告になるで」

提訴の日、小見山さんに代わって妻の孝子さんが力強い足取りで裁判所を目指した。

小林英子さん

空襲傷害者の存在を知って

大阪狭山市の浜田栄次郎さん（79）も重いやけどを負い、戦後、苦難の道を歩んできた。

終戦後、浜田さんは腹部の皮膚を右手に移植する手術を受けた。腹部の皮膚を切り取らずにブリッジのようにして、皮膚を取り除いた右手を差し込み、自然と皮膚ができるのを待つというもの。右手を腹部に縫い付けて固定したまま、3週間の絶対安静。植皮手術は無事成功したが、指先は曲がったままで動くことはなかった。

退院後、浜田さんは家業の麻袋製造に専念したが、両親が相次いで他界し、高度経済成長に入ると斜陽産業となっていく。

力仕事に出ようにも右手が使えない。字を書くのも不自由だ。一家をなし、子どもを抱えた浜田さんにとって「真綿で首を絞められるような生活」が続いた。

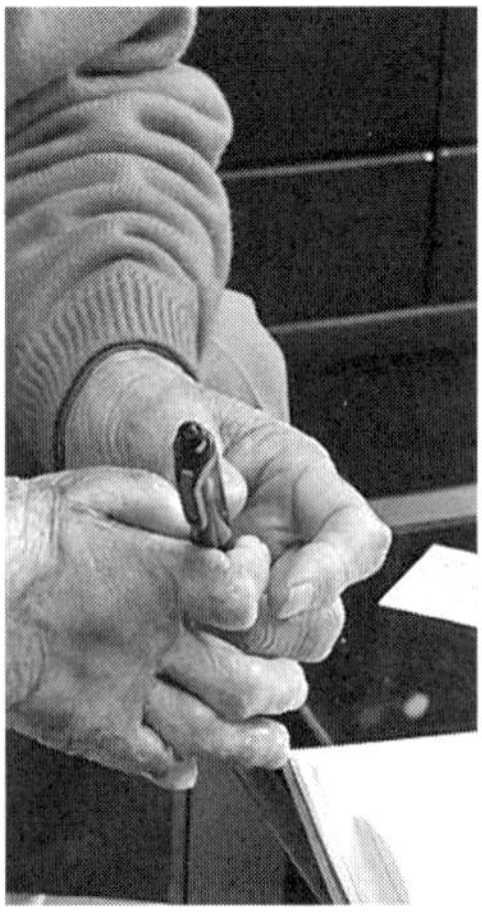

そんな折、身障者も運転免許が取れるよう法改正されたことを知る。就職するのに有利だからと大型免許も取った。だが、運送会社を2、3社の面接を受けたが、いずれも採用を断られた。

それでも一家を養わねばならない。浜田さんは借金して大型トラックを購入し、運送業を営んでみたが、失敗。自宅を売却して大阪市平野区で小さな店舗つき住宅を購入し、妻とパン屋を始めた。

ようやく軌道に乗り始めると、浜田さんは普通2種免許を取得。生野区のタクシー会社に就職し、10年後には個人タクシーの資格を取って72歳までハンドルを握り続けた。

「私の残された生命もあとわずかです。国は、私のように人前で右手を隠さねばならない者がいることを考えてください。ぜひとも謝罪してもらいたい」

浜田さんはそう訴えている。

孤児になって……

「戦後63年たつと、空襲があったことすら知らない若者が増えてきました。怖くてつらい思いをした人がいたことを知ってほしいのです」

疎開中に両親ときょうだい、親戚など9人を亡くした吉田栄子《はえこ》さん（74）は裁判を通して訴えていきたいという。

孤児となり、戦後、親戚の家を転々とした。

「家の人に気に入られないとあかんと思い、畑仕事や子守など、何でも進んでやりました」と振り返りながら、吉田さんはハンカチで何度も目頭をぬぐう。

中学1年のときにあずけられた阿倍野区の叔母の家は、幼子を抱えて貧しかった。

「遠足などで弁当を開くのが恥ずかしかった。ご飯があまりなく、サツマイモを刻んで炊いたものでしたから。親がいる子はおいしそうなお弁当で、親が生きていれば、と悔しい思いをしたものです」

その叔母も病死したため、泉南郡（現・泉南市）に住んでいた母の弟宅へ引き取られた。４人目の子どもが生まれたばかりで、吉田さんは家事と育児に追われる。当時は水道もなく、赤ちゃんを背負って井戸水を何度も風呂へ運ぶのは重労働だったが、負い目もあって「叔母の顔色を見て先に先に動いた」。

高校への進学を諦め、吉田さんは美容師の家に住み込みで働き始めた。仕事は厳しかったが、自立するため人一倍頑張った。やがて結婚、子どもが生まれた後も美容師として腕一本で生きてきた。

「私は親の遺骨もありません。そんな悲劇が二度と繰り返されないために、吐き出さねばと思ったのです」

と、吉田さんは話した。

「また戦争が起こるのではないかと不安で……」

女手一つで育ててくれた母親を空襲で亡くし、孤児になった谷口佳津枝さん（70）はそう語る。

「お母ちゃんは家を守らなあかんから。姉ちゃんと二人でお逃げ」――。母の最期の言葉が今も耳に残っている。

玄関先の小さな防空壕で窒息死し、その後の火災で焼かれた母……。さぞかし悔しかっただろう。

谷口さんも孤児となり、戦後、広島県の親戚にあずけられた。手を引いて逃げてくれた姉と、滋賀へ集団疎開していて難を逃れた二番目の姉はそれぞれ養女となり、実家を出ていった。

谷口佳津枝さん

52年、「戦傷病者戦没者遺族等援護法」が公布され、旧軍人・軍属、その遺族に年金が支給されることになったことを伯母から聞かされた。

「あんたも戦争の犠牲者なんやから、いつか助けてもらえるはずや」

実現されぬまま、半世紀以上が過ぎた。

谷口さんは高校進学をあきらめ、中学を卒業すると働き始めた。2年後には、姉を頼って大阪へ戻ってきた。

谷口さんは提訴に踏み切った理由についてこう語る。

「戦争の怖さを知らない人たちが増え、また戦争が起こるのではないかと不安です。空襲による悲劇を何かの形で残しておかねばならないと思うようになりました。将来、同じような過ちを繰り返してほしくないから」

母の無念を晴らしたい

「亡くなった主人の母がかわいそうやから、代わって原告になろうと思ったんです」

瀬章代さん（76）は、大阪府枚方市内の病院で入院中の夫・隆春さん（80）の名前で原告に名乗りを上げた。

戦時中、隆春さんの実家は大阪市港区市岡で八百屋を営んでいた。

隆春さんは尋常小学校を卒業後、現在の関西電力に入社。安治川べりにある大阪市此花区の春日出発電所に勤務していた。

45年6月1日。隆春さんはいつものように出勤していた。

次々に焼夷弾が落とされ、安治川の向こう側に広がる港区は火炎地獄だった。そこで母親が死んでいたことなど知る由もない隆春さんは、偶然その光景を見ている。

炎に追われて川に飛び込んだ人たちは、水温が上昇して熱湯になったため、もがき苦しみながら沈んで行った。

母親は逃げている途中、炎や煙とともに竜巻に巻き上げられ、地面にたたきつけられて亡くなった。身体もバラバラの状態だったという。

嫁いでいた隆春さんの姉が親戚と一緒に何時間も探し、着物がへばり付いていた手や足、身体の一部などを拾い集め、茨木市の叔母（母の妹）のところまで持って行き、山の中で茶毘《だび》に付したという。

この日の空襲で、叔父（母の弟）夫婦ら５人も亡くなった。

瀬章代さん

母が亡くなって1年半後、腎臓を患っていた父親も52歳の若さで他界する。

戦後、孤児になった隆春さんは苦労してきたが、多くを語らなかった。母のことを聞くと、口を閉ざし涙ぐんだ。

章代さんが隆春さんと結婚したのは１９５４年６月。章代さんも静岡県磐田市で戦争の時代を生き抜いた。

「バリバリ」と、翼のマークもはっきり見えるほどの低空飛行で、機銃掃射するグラマンの機銃掃射に遭《あ》ったこともある。

空襲のたびに逃げ惑《まど》い、飛び込んだ防空壕の中で「もう死ぬ。死にたくない。生きたい」と叫んでいたという。

だからこそ、義母の恐怖心は相当のものだったろうと思いやる。

原告団に加わったのは、裁判を通して、母の無念さを訴えるとともに、戦争はしてはならないということを次代に残しておきたいと思ったからだ。

章代さんは5年前、長男が呟いた言葉が今でも胸に刻まれている。

「あの戦争で亡くなった人は喜んで死んでいったんや」

思わず、「そんなことはない」と否定した。

「あんたのおばあちゃんは、怖い思いをして死んでいったんやで」

だが、長男はそれ以降、戦争のことを言っても、「昔のことは言うな」と耳を貸そうともしない。

章代さん自身も肺と心臓に持病を抱えている。

「このまま、死なれへん。国民を金儲けの道具にしては困る。亡くなった人に口はない。残された者がその思いを代弁しなければ……」

裁判には費用も時間もかかる。

原告のほとんどが年金生活者であり、残された歳月も限られている。しかも、この裁判自体が厳しい闘いになることは目に見えている。

それでも、彼らが立ち上がったのは、「このままでは死ねない」という思いから。

先の戦争を賛美する風潮が強まる中で、今回の裁判は「戦争の悲劇を二度と繰り返してはいけない」と、命をかけた反戦運動でもある。

提訴から3ヵ月後の3月4日、大阪地裁の202号法廷（大法廷）で第1回口頭弁論が開かれ、長い闘いの幕は切って落とされた。平等であることが憲法で保証されたこの国で差別されつづけてきた人たちがいる。その人権回復こそが、戦争を遠ざける道でもあるのだ。

おわりに

「二度と戦争をしない国にするためにも、民間人への補償を法制化することが必要なのです」

なぜ、「戦時災害援護法」が必要なのか、という問いかけに、かつて安野輝子さんはそう答えた。

もし、法律ができれば、国は戦争を起こすことに二の足を踏むに違いない。戦争を起こして民間人に被害が出ると、補償のための膨大な支出が必要となるからだ。

そんな安野さんの言葉が、私の胸にストンと落ちた。

以来、月一回発行している「新聞うずみ火」で、安野さんら空襲傷害者の思いを紹介してきた。炎天下での街頭署名、その署名を厚生労働省へ提出しようとして受け取りを拒否された現場にも立ち会った。万策尽き、裁判を選択していく過程も間近で見てきた。

そして今年の3月4日――。「大阪空襲訴訟」第1回口頭弁論では、大阪地裁の大法廷が支援者で埋め尽くされた。

原告を代表して安野さんはこのように意見陳述した。

「泣き寝入りは絶対にできない、戦争をこの世からなくすためにも、空襲を引き起こす原因をつくった国に謝罪をさせ、補償させせなければならないと決意をさらに強くしました。金銭の問題だけでなく、裁判を通して国の責任を明確にすることは、生かされた私にできる最後の務めだと思っています」

このブックレットを通して、安野さんら原告18人の思いを知っていただきたい。そして、命をかけた、この〝反戦運動〟をともに支えていただきたい。

2009年3月13日　――65年目の第1次大阪大空襲の日に

「大阪空襲訴訟を支える会」代表　**矢野　宏**

（「新聞うずみ火」代表）

参考文献

小山仁示『大阪大空襲』（東方出版）

早乙女勝元『東京大空襲』（岩波新書）

杉山千佐子『おみすてになるのですか』（クリエイティブ21）

全国戦災傷害者連絡会「傷痕」

田中利幸『空の戦争史』（講談社現代新書）

半藤一利『昭和史』（平凡社）

東谷敏雄編『「70年戦争」と平和の伝言』（日本機関紙出版センター）

鈴木賢士『写真で伝える　東京大空襲の傷あと・生き証人』（高文研）

東京大空襲訴訟原告団・弁護団「東京大空襲訴状」

大阪空襲訴訟弁護団「大阪空襲訴訟訴状」

大阪空襲訴訟・訴状の概要について

２００９年12月8日　大阪空襲訴訟弁護団

第１ 本件訴訟の意義

１ 本訴の目的

終戦からすでに60年以上が経過した。

戦後、日本を含む多くの戦災国は、一方では目覚ましい経済的復興を遂げた。しかし、人類が経験した未曽有の惨禍であった第二次世界大戦が世界に与えた甚大な被害は、単なる経済的復興のみでは埋め尽くすことのできない大きな傷を残し、今なお人間の心の深層に突き刺さったままである。

戦後、多くの国は、国家という組織が犯した、このような人類史上稀にみる「愚行」に対し、二度と同じ過ちを犯さないよう、たゆまざる努力を行ってきた。国際連合を始めとする様々な国際的組織による平和的活動のみならず、多くの国が、自国あるいは他国の戦争被害者に対し、様々な形で謝罪と賠償を行ってきた。

戦争という愚行を行った国家自身が、その過ちを認識すれば、そのことが、被害者に対する謝罪と賠償につながるのは当然である。

後に詳述するが、このような認識に基づき、ドイツを始めとする多くの国が戦争被害者に対し、謝罪と賠償を行ってきた。

これに対し、我が国はどうであったか。

まさに戦争による惨禍を契機として生まれた日本国憲法は、その過ちを二度と犯さないことを誓い、歴史的にも画期的な平和主義を謳った。そのような徹底した平和主義に立つ日本国憲法が、戦争を招いた戦前の政府を批判し、これを否定する立場にあることは当然である。

そしてそのことは、その思想的根底に、戦争被害者に対する深い謝罪の念を有し、それらの者に対し、国家的な救済を行うことを当然の前提としているはずである。

しかし、このような日本国憲法の純粋な基本的理念の実現は、戦後の様々な政治的思惑によって阻まれてきた。

本訴の目的は、このような政治的思惑によって阻まれてきた日本国憲法の基本的理念である、平和主義、そしてその究極的目標である個人の尊厳を、政治的妥協や思惑から最も距離を置いているはずの司法により、実現することを最も主要な目的とする。

２ なぜ「今」なのか－高齢化する戦災者たち

原告らは、戦争被害のうちでも、最も悲惨で非人道的な戦闘行為の一つである、空襲による被害者である。そして、彼等は、単に終戦間近の時期において、空襲による悲惨な経験をしたのみならず、戦争による被害により、戦後も計り知れない苦難に満ちた人生を送らざるを得なかった。

しかし、これらの者は、本来であれば、個人の尊厳を究極の価値とし、その達成のために徹底した平和主義をとった日本国憲法の立場からすれば、まず第一に救済が図られるべき者たちであった。ところが、後述のように、軍人軍属等が終戦後早々と特別の保護を受けるようになる中で、前述のような様々な政治的思惑により、これらの者は現在に至るまで、十分な補償を受けることがなかった。

むろん原告ら、一般戦災者は、座視して日本国憲法の理念の実現を待っていたわけではない。行政や立法に対し、これまで様々な形でその実現を訴え続けてきたのである。

例えば、本訴提起に至るまでには、後述のように、国に対して、長年補償法の制定を求めて、多くの戦争被災者が運動を継続してきた。

しかし、このような運動・活動はずっと無視され続けてきた。しかも最近では、原告らが不自由な体に鞭打って必死に署名を集め、これを厚生労働省に持参しても、厚生労働省は「担当部署がない」などという、にわかには信じがたい理由で署名の受領を拒む、といった事態も起こっている。

戦争被害に遭った本訴の原告のうち、最高齢は80歳、最も若い者ですら63歳となり、すでに社会的活動すら困難な状況となってきている。

このように、立法・行政に不当に見放された状況の元で、この世の地獄を体験した原告らの癒えることのない苦しみを救済できるのは、「人権の砦」であり、「憲法の番人」である裁判所をおいて他にはない。原告らは、ここに至って、もはや最後の人権の砦としての裁判所に訴えるしかない、そう決意したのである。

このような決意の背景には、後述するように、ハンセン病訴訟判決や、中国残留孤児国賠訴訟における神戸地裁判決など、裁判所が、国の政策に反してでも、少数者の人権を救済しようとした暖かい判決を下した例が存在することが挙げられる。

本訴においても、すでに少数者となった原告らに対する、暖かい判決を求め、原告らは立ち上がったのである。

このように、本訴は、集団訴訟として法廷での厳正な審理を求めることによって、高齢化しながらも「このままでは死ねない」という原告らの思いをきちんと国に伝え、司法によって原告ら一人一人の「個人の尊厳」を回復することを目的としている。

裁判所におかれては、第2以下で展開する原告らの主張に、どうか真摯に向き合っていただきたい。

3 すでに審理が進んでいる東京大空襲訴訟

本訴に先立ち、既に東京では、２００７（平成19）年3月、東京大空襲の被災者らが国を相手取って、国家賠償と謝罪を求める訴訟を東京地裁に提起しており、２００８（平成20）年12月現在審理が続けられている。

この東京大空襲訴訟では、１００名を越す原告らが原告団を構成し、原告ら代理人も、全国から１００名以上の弁護士が参集して、空襲被害の違法性が初めて集団訴訟の形で法廷で争われることになり、平和についての世論を喚起する上でも重要な役割を担っている。

これに対し、東京地裁は、原告本人だけでなく、原告側の申請した専門家証人も採用し、現在、証拠調べが行われている。

本件は、この東京大空襲訴訟に続き、大阪大空襲を始め全国各地の空襲による被災者らが、やはり国家賠償と謝罪を求めて提訴するものである。

第2 訴状の項目について

本訴状においては、およそ以下のような項目に基づいて構成されている。

第1 はじめに—本件訴訟の意義
第2 先行行為—避けられたはずの空襲を招いたこと
1 太平洋戦争開戦と戦局の悪化
2 東京大空襲以降終戦まで—未曾有の犠牲者
3 大阪大空襲について
第3 原告らの被害実態
第4 侵害行為—戦後、被害者の救済を放置し続けたこと
1 援護における一般戦災者の位置付け
2 国家による一般戦災者排除の論理
3 国際的にも特異な日本の戦争補償制度
第5 違法性（その1）—立法不作為
1 立法不作為の違法性判断に関する判例の流れ
2 最高裁判例の変化—立法不作為の違法要件の緩和
3 立法不作為が違法となる要件を広げる下級審判例
4 本件における国の立法不作為の違法性
5 戦争損害受忍論の不当性について
第6 違法性（その2）—条理上の作為義務違反
1 被告国は自らの先行行為に基づき条理上の作為義務を負う
2 開戦し終戦を遅らせた行為が「先行行為」にあたる
3 「先行行為に基づく条理上の作為義務」を認めた判例
第7 謝罪文と損害額

第3 請求の根拠について

1 二つの大きな柱

本訴においては、原告らは、大別して、以下の二つの法的根拠により、国に対し損害賠償及び謝罪を求めている。

① 先行行為に基づく作為義務を前提とする義務違反によるもの
② 立法不作為を理由とするもの

以下に、その内容を簡単に説明する。

2 先行行為に基づく作為義務を前提とする義務違反によるもの

（1） 意義

損害の原因となる「先行行為」を行った者は、その結果生じた被害について、その拡大を防止する措置を採るべき法的な義務を負う、とする法的理論。

このような法的構成は、中国残留孤児国家賠償請求訴訟などでも裁判所によって認められている。

本件において、国は、自ら戦争を開戦し、終戦を遅らせて空襲被害を拡大させた。国は、このような先行行為に基づき、空襲被災者らに対して援護策を講じるべき義務（「条理上の作為義務」）を負っていた。

ところが、この作為義務を履行せずに空襲被災者を放置し、その被害および人格権侵害の度合いをいっそう深刻化させたことから、原告らに与えた損害を賠償し、かつ謝罪すべき責任を負うと主張している。

(2) 先行行為の内容

①太平洋戦争から終戦に至るまでの歴史的経緯

特に、１９４４（昭和19）年のサイパン島等陥落により、日本本土への空襲の危険が現実化した時点において、終戦工作を行っていれば原告らのような空襲被害者を生み出さずに済んだこと、あるいは、１９４５（昭和20）年2月に、近衛文麿首相は、「敗戦は必至であり、戦争推進派を一掃して速やかに戦争終結の方法を考えるべき」とする上奏文を昭和天皇に提出したがこの時点で終戦工作がなされていれば、やはり多くの犠牲者が助かったこと等について言及している。

②本訴において大阪大空襲について述べることの意義

次に、日本各地になされた空襲の概要に触れるとともに、8回の大きな空襲が行われた大阪空襲については、それぞれの空襲について、概要を記載している。この点、戦争による被害者は、間接的な被害までをも含めれば、相当の広がりを持つ。本件訴訟においては、このような戦争被害者のうち、特に「空襲による被害者」について、その救済を求めている。

これは、太平洋戦争末期における「空襲」は、①被害者が何ら戦闘装備を有さず、全く無力化していることが明らか状態でなされたこと、②被害者は戦闘員ではなく民間人であること、③退路も全く断つ形での広範囲な無差別攻撃であること、④焼夷弾自体による熱と火災による焼死など、極めて非人道的で残酷な攻撃であること、等の事情からして、「戦争」による被害が最も典型的に現れたものであると言えるからである。

そして本件では、原告らの大半が、太平洋戦争当時大阪市内に居住しており、大阪大空襲によって被災している。そこで、訴状においては、特に、大阪大空襲の実態について説明をした。

③大阪大空襲の概要

大阪大空襲は、最初の大空襲（B29による１００機以上の無差別爆撃を「大空襲」と呼ぶ）が、１９４５（昭和20）年3月13日午後11時57分から始まり、その後、終戦の前日である8月14日午後1時16分から2時1分まで行われた最後の大空襲まで、計8回に及んだ。

１００機未満の空襲の回数まで含めると、大阪の空襲の回数は、実に50回程度に上ると見られている。

東京よりも木造民家の密集度が高かった大阪では、度重なる焼夷弾の攻撃で一面が焦土と化し、犠牲者（死者）の総数は約1万５０００人に上った。終戦直後、大阪市内は焼け野原となり、現在のキタ（北区）からミナミ（中央区）までが見渡せる状態であったという。

④極めて不十分な被害調査の現状

このように甚大な被害を生じさせた大阪の空襲であったが、犠牲者をまとめた記録は長い間存在しなかった。

戦後40年近くが経過した１９８３（昭和58）年になって、遺族らが中心となり、ようやく調査が始まった。この結果、市役所の埋葬記録や死亡証明書、寺の慰霊碑に刻まれた碑文などから、約5600人が判明した。

2002年、名簿の編纂事業を大阪府が引き継ぎ、大阪府の委託を受けた財団法人大阪国際平和センター（愛称「ピースおおさか」）が本格的な追加調査を実施した。全国3000以上の自治体を通して遺族らに情報提供を呼びかけるなどした結果、最終的に大阪大空襲での死者の約6割にあたるおよそ9000人の死者名を確認した。

しかし、残る4割の名前は未だ確定されないまま、現在に至っている。

⑤終戦後も放置された一般戦災者への補償

また、戦後においても、軍人・軍属等に対する特別な援護は復活したにもかかわらず、一般戦災者への補償は行われないままであった。

これに対し、補償を求める草の根運動がねばり強く行われ、70年代においては、一般戦災者にも国家補償を行うことを趣旨とする法案が提出され始めた。

これに対し、政府は、「国家との身分関係」の欠如を理由にこれを拒否し続けてきた。

しかし、国は、戦時中は「軍官民一体」で戦えと叫び、防空法では懲罰規定まで設けて、市民の避難も禁じていた。一般市民も軍人・軍属と同じように、場合によってはそれ以上に、国家の絶対的な支配下にあったのであり、このような国の対応は不当であった。

2 立法不作為を理由とするもの

（1）「立法不作為」の意義

本訴における原告らの請求の根拠のいまひとつは、戦後63年以上にわたり空襲被災者に対して援護を行う立法が制定されないという、いわゆる「立法不作為」の違法性を問い、国家賠償と謝罪を求めるものである。

このような、立法不作為についても、例えば、ハンセン病国賠訴訟判決（熊本地裁2001（平成13）年5月11日）などにおいて、その違法性が認められているし、最高裁においても、2005（平成17）年の在外邦人選挙権訴訟判決によって、違法性を認めるハードルは下がってきていると言える。

（2）立法不作為の違法性の法的な根拠－憲法14条違反について

立法作為義務の具体的な根拠として、訴状では、平和主義に関する憲法前文・9条、個人の尊厳を定めた13条、平等原則を定めた14条などを挙げる。そして、特に前文・9条、および14条について詳述している。

ここでは特に14条について説明する。

①多様な戦争被害者のうち空襲被災者のみが差別されていること

国は、軍人・軍属には手厚い援護策を講じており、それ以外にも広島・長崎の原爆被爆者や沖縄戦争被害者の民間被災者への援護策も講じている。ところが空襲被災者に対しては何ら援護立法が制定されず放置されたままである。

同じ人間として、国が起こした戦争によって被害を受けた者でありながら、空襲被災者のみが差別され援護策を受けられない合理的理由は存在しない。

②平等原則に基づき広く補償を認める海外の立法例

海外における戦争被害への補償立法例

をみると、フランス、イギリスなどの戦勝国や旧西ドイツなどの敗戦国のいずれにおいても、「国民平等主義」と「内外人平等主義」が、共通する特徴となっている。

第3 原告らの被害の実態

訴状においては、原告の被害について、①負傷し、現在も障害が残っている例、②親などの親族を失った例、③家を失った例などに分けて、概要を述べている。

第4 戦争損害受忍論の本質的な問題点

1 戦争損害受忍論によって責任を回避してきた判例

過去にも、戦争損害について、訴訟が起こされたことが幾度もあった。

これに対し、最高裁判所は、以下のような理論で、これを排斥してきた。

「戦争犠牲ないし戦争損害は、国の存亡にかかわる非常事態のもとでは、国民のひとしく受忍しなければならなかったところであって、これに対する補償は憲法の全く予想しないところというべきであり、したがって、右のような戦争犠牲ないし戦争損害に対しては単に政策的見地からの配慮が考えられるにすぎないもの、すなわち、その補償のために適宜の立法措置を講ずるか否かの判断は国会の裁量的権限に委ねられるもの」

2 戦争損害受忍論の論理的な破綻

しかし、最高裁判例における戦争損害受忍論は次の点で論理的に破綻している。

すなわち、戦争損害は、アジア・太平洋戦争に起因して発生したものである。そして、日本国憲法は、他ならぬアジア・太平洋戦争の反省をふまえて制定されたものであり、戦争損害なくして日本国憲法は生まれなかったといっても過言ではない。

政府の行為によって二度と戦争の惨禍が起こらないようにすることを誓っている憲法が、そのもととなった戦争損害に対して「全く予想しないところ」などという態度をとっていられるはずがない。むしろ、新しい憲法原理である平和主義を定着させるため、さまざまな戦争防止策が立法および行政を通じて具体化されることを憲法は予定していると考えるのが自然である。そして、戦争防止策としては、侵略戦争を指導した者や加害者を処罰するだけでなく、その犠牲となった者について、補償したり保護を与えたりすることも、平和政策としては有効である。

戦争損害について国が救済措置を講じることは「憲法の全く予想しないところ」であることは決してなく、平和主義を掲げている憲法の要請するところであるといわなければならない。

この意味で、戦争損害受忍論は論理的破綻をきたしている。

矢野 宏（やの　ひろし）

1959年生まれ。『新聞うずみ火』代表、関西大学非常勤講師。新聞記者を経て、87年４月、ジャーナリストの黒田清が設立した「黒田ジャーナル」に入社。反戦・反差別を２本の柱とした月刊誌『窓友（そうゆう）新聞』のデスクとして、主に社会的に弱い立場に置かれた人たちを取材してきた。その一方で、テレビ・ラジオ出演や、時事問題や人権問題に関する講演活動を行うなど、幅広く活躍。主な著書に『在日挑戦―朝鮮高級学校生インターハイへの道』（木馬書館）、『絶望のなかに希望を拓くとき』（女子パウロ会）（どちらも日本図書館協会選定図書）など多数。

大阪空襲訴訟を支える会代表。

●装幀――濱崎実幸
●写真――栗原佳子

大阪空襲訴訟を知っていますか
－置き去りにされた民間の戦争被害者－

2009年３月25日　第１刷発行
定　価　700円（本体667円＋消費税）
著　者　矢野宏
発行者　山崎亮一
発行所　せせらぎ出版
〒530-0043　大阪市北区天満 2-1-19　高島ビル２階
TEL. 06-6357-6916　FAX. 06-6357-9279
郵便振替　00950-7-319527
印刷・製本所　株式会社関西共同印刷所

ISBN978-4-88416-187-3

せせらぎ出版ホームページ　http://www.seseragi-s.com
メール　info@seseragi-s.com

○大阪空襲訴訟　弁護団　連絡先

大阪中央法律事務所　弁護士　高木吉朗
〒540-0033　大阪市中央区石町1-1-7
TEL 06-6942-7860　FAX 06-6942-7865
http://o-bengosi.hp.infoseek.co.jp/osaka-kusyu/

○弁護団

井関和彦（井関・西岡法律事務所）
高木吉朗（大阪中央法律事務所）
梅田章二（大阪中央法律事務所）
大前　治（大阪京橋法律事務所）
小田勇一（大江橋法律事務所）
小林徹也（大阪中央法律事務所）
阪口徳雄（あさひ法律事務所）
篠原俊一（関西合同法律事務所）
杉島幸生（関西合同法律事務所）
喜田崇之（関西合同法律事務所）
杉山　彬（杉山法律事務所）
西　　晃（河村武信・西晃法律事務所）
藤木邦顕（豊中総合法律事務所）

○「大阪空襲訴訟を支える会」要綱

◎会の目的：みなさまの会費をもとに、「大阪空襲訴訟」を物心両面で支援し、裁判の傍聴や世論喚起など訴訟の意義を社会に広げる共同の運動を広げていきます。

◎年会費：一口3000円

◎募金：一口1000円、何口でも。募金だけのご協力も歓迎いたします。

◎会員のみなさまに

①裁判の進行状況をニュースでお知らせします。
②裁判の日程、政府や国会などの要請行動などの日程を連絡します。
③ご都合のつく範囲内で集会や署名運動、裁判傍聴への参加などご協力ください。

お振り込み先（郵便振替口座でご入金をお願いします）

〈口座番号〉00900-3-170557
〈加入者名〉大阪空襲訴訟を支える会